Gisela Preuschoff, Von 12 bis 16

Gisela Preuschoff

Von 12 bis 16

Abenteuer Pubertät

Mit Zeichnungen von
André Poloczek,
Nikolai Preuschoff,
Till Preuschoff

PapyRossa Verlag

Zweite, unveränderte Auflage
© 1995 by PapyRossa Verlags GmbH & Co. KG, Köln
Alle Rechte vorbehalten
Umschlag: Lux siebenzwo Hölzel/Kubowitz, Köln
unter Verwendung einer Zeichnung von André Poloczek
Fotos: Hölzel, Archiv
Herstellung: Interpress

Die Deutsche Bibliothek - CIP-Einheitsaufnahme
Preuschoff, Gisela:
Von 12 bis 16 : Abenteuer Pubertät / Gisela Preuschoff. - Köln :
PapyRossa-Verl., 1995
ISBN 3-89438-066-7
NE: GT

Inhalt

Phantasiereisen

Anhang

Vorwort

Als ich anfing, mich mit dem Thema Pubertät zu befassen, ging es mir so, wie es einem passieren kann, wenn man sich ein Buch über Krankheiten anschaut: Auf einmal juckt es hier und schmerzt da. Problemhypnose nenne ich das. Bisher hatte ich bei meinen eigenen Kindern davon noch nicht viel mitbekommen; den meisten meiner Bekannten geht es ähnlich. Wer weiß, was geschehen wäre, wenn wir dieses Wort gar nicht kennengelernt hätten!

Jetzt aber weiß ich Bescheid. Schuleschwänzen ist ja noch harmlos gegen Magersucht, Aids, Drogen und Selbstmord! Mir wurde allmählich immer schlechter. Ich lebe in einem schrecklichen Land in einer schrecklichen Welt, und für Jugendliche wird hier nichts getan! Ich fühlte mich selbst immer unzulänglicher. Habe ich nicht alles falsch gemacht?

Nach und nach wurde mir klar, daß der Begriff Pubertät eine geballte Suggestion enthält: »Achtung, Eltern, jetzt kommt eine schwierige Zeit! Ob Ihr das überlebt, ist fraglich!«

Deshalb hatten ja auch die alten Tanten damals am Kinderwagen immer gesagt: »Ja – jetzt sind sie noch niedlich!« »Und später«, dachte ich manchmal, »wie sind sie dann? Wahrscheinlich kommt dann so eine Art Hölle.«

Ich mag meine Kinder bedingungslos. Aber Sorgen mache ich mir auch. Und die werden um so größer, je

mehr ich mich anstecken lasse von abstrakten Anforderungen wie: »Er müßte doch besser Klavier spielen statt Computer!« Er spielt aber nicht Klavier! Und ich gerate in Panik, wenn ich mir klarmache: Der Zug ist abgefahren – zu spät.

Vielleicht regen sich Eltern deshalb so über ihre Heranwachsenden auf, weil sie diese Hilflosigkeit spüren. Bestimmte Dinge, die jetzt als Versäumnis erlebt werden, lassen sich nicht mehr nachholen.

Wer jetzt noch kein Wunderkind ist, wird auch keins mehr. Und kann überhaupt noch irgendwas aus dem Kind werden? Ich kann an mir selber feststellen, daß hier eine interessante Technik benutzt wird, sich selbst fertigzumachen: Male dir alles ganz mies aus, erinnere dich, daß weder Schule noch Staat irgend etwas für dein Kind tun, sieh ihn schon als Penner vor Karstadt sitzen, weil er in seiner Jugend nichts tat als fernsehen, fühle deine Hilflosigkeit und deinen Zorn, und dann geh' zu deinem Kind und brüll' es an!

Als gute Gegenstrategie hat sich erwiesen, meine Sorgen mitzuteilen. »Also hört mal – ich fürchte, daß Ihr wertvolle Stunden vor der Glotze vertut, wo es doch soviel Sinnvolles zu tun gibt!« Ganz ruhig machen mir meine Söhne dann die Gegenrechnung: Sie zählen mir auf, wie viele Bücher sie lesen, welche Pflichten sie erfüllen, welchen Sport sie betreiben . . . es klingt einigermaßen überzeugend. Allmählich werde ich gelassener: Es geht eben nicht alles so, wie ich will. Wir sind keine Götter, sondern nur Menschen.

Eine faule Ausrede? Ich habe jedenfalls begriffen,

daß ich meine Kinder nicht vor allem bewahren kann, und daß sie ihr eigenes, ganz persönliches Glück finden müssen. Meine guten Wünsche und meine bedingungslose Akzeptanz werden sie begleiten. Und ich erinnere mich an all den Mist, den ich in meinem Leben gebaut habe, an die vielen Entscheidungen, von denen ich heute denke: Das würde ich jetzt anders machen. Wie viele Umwege bin ich gegangen, und wie viele gut gemeinte Ratschläge habe ich in den Wind geschlagen! Na und?

Wenn ich mich daran erinnere, wird mir deutlich, daß meine Zweifel und Sorgen ja schön und gut sein mögen, aber zu nichts nützen. Besser vertraue ich meinen Kindern, glaube an ihre Stärken und ihre Kraft. Auch an ihren Überlebenswillen und ihre Fähigkeiten. Die Welt ist schlecht – aber auch phantastisch schön. Und es gibt mehr Lösungen als Probleme.

Jede(r) von uns wird im Leben immer wieder an einen Punkt kommen, wo sie/er sich fragt: Und wie geht das jetzt weiter? Dabei ist es relativ egal, ob die Kinder 5, 15 oder 25 sind. Wie haben die Tanten doch auch gesagt? Kleine Kinder – kleine Sorgen, große Kinder – große Sorgen.

Also – einen Grund zum Sorgen findet man immer! Ich frage mich statt dessen lieber: Willst du etwas verändern? Dann los! Und wenn nicht: Dann gibt es ja auch nützlichere Beschäftigungen. Wenn Sie Lust auf ein bißchen Veränderung haben, können Sie in diesem Buch Anregungen finden. Lösungen finden Sie selbst. Dabei wünsche ich viel Spaß!

Pubertät – was ist das überhaupt?

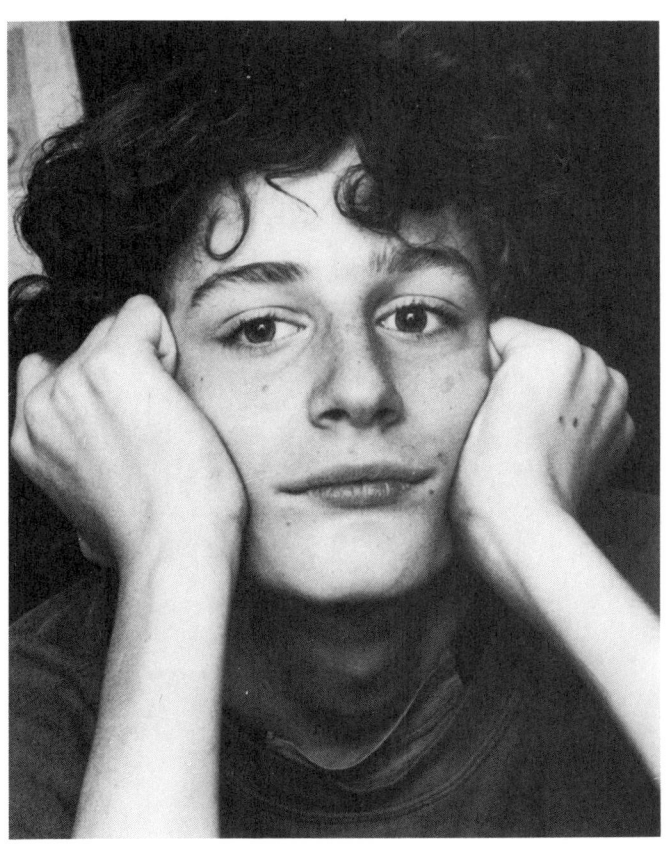

Pubertät – was ist das überhaupt?

Manchmal bin ich geneigt zu sagen: Nichts als eine Einbildung bestimmter Pädagogen. Krise? Ich merke nichts. Freche Bemerkungen – ja. Aber meine sechsjährige Tochter ist genauso frech. Körperliche Veränderungen? Nun gut, aber sie machen ihre Schularbeiten, spielen Computer- und andere Spiele, gehen ihrer Wege und kommen zurück – alles fast wie immer.

Als ich neulich eine gute Bekannt traf, erzählte sie mir, daß ihr 15jähriger Sohn bei den Autonomen sei und sie ihn des öfteren von verschiedenen Polizeirevieren abholen müsse. Zu Hause sei er selten, es sei alles ganz schrecklich. Fast wurde ich ein bißchen neidisch. So einen kleinen Revoluzzer als Sohn hatte ich mir immer gewünscht! Dieser Mut, diese Unabhängigkeit!

Ich begann, unsere Lebensläufe zu vergleichen. Sie hatte viel Zeit für ihre Kinder gehabt, während ich immer berufstätig war. Ihr Leben war in geordneten Bahnen verlaufen. Ihr Mann hat eine gute Karriere gemacht, sie hatten Haus und Garten.

Unser Leben war wesentlich stürmischer. Wir haben immer wieder einschneidende Veränderungen vorgenommen, Ausbildungen gemacht und sind bis heute weder zu Haus mit Garten noch zu Geld gekommen. Sollten ihre und unsere Kinder jeweils eine Gegenbewegung repräsentieren? Je chaotischer die Eltern, desto angepaßter die Kinder? So einfach ist es wohl kaum.

Während ich früher die Vorstellung hatte, es läge an

uns, was aus den Kindern wird, sehe ich heute ihre Individualität im Vordergrund. Sie sind nicht Wachs in unseren Händen, sondern allenfalls Gäste, die nach dem Weg fragen. Sie gehören uns nicht, und wir können aus ihnen nicht machen, was wir wollen. Sie müssen ihren eigenen Stern suchen und ihm folgen, wie Henning Köhler das ausdrückt. Jeder Mensch kommt mit einer versiegelten Botschaft auf die Welt, meinte Sören Kierkegaard. Seine Aufgabe sei es, diese Botschaft zu entschlüsseln und zu erfüllen.

Und trotzdem existieren unsere Kinder nicht »an sich«, sondern entwickeln sich in Beziehung zu uns, in Auseinandersetzung und Reibung mit uns. »Sie können Ihr Kind nicht zu einem mustergültigen Erwachsenen formen. Ihre Aufgabe ist vielmehr, geeignete Bedingungen zu schaffen, in denen es seine eigene Persönlichkeit und seine Fähigkeiten entwickeln kann . . . Es ist . . . nicht Ihre Aufgabe, sicherzustellen, daß es die ›richtigen‹ Ideen entwickelt oder die ›richtigen‹ Dinge lernt. Ihr Kind hat seine eigene Vorstellungswelt; es muß diese Aufgabe für sich selbst meistern«, schreibt Sheila Dainow (Dainow, S. 14).

Einige Pubertätskrisen scheinen mir daraus zu entstehen, daß Eltern Schwierigkeiten haben, ihre eigenen Wunschvorstellungen über ihre Kinder aufzugeben. Ich selbst finde es äußerst schwierig, den Balanceakt zwischen anregendem Angebot und Überstülpung fremder Interessen zu bestehen. Keines meiner Kinder spielt ein Instrument, was ich sehr bedaure. Hätte ich sie nicht mehr fordern und fördern sollen? Ich selbst habe zwischen meinem 11. und 18. Lebensjahr sehr gut Cello gespielt. Es war mein eigener Wunsch und hat mir in dieser Zeit sehr geholfen. Es kann gut sein, daß mir meine Kinder später vorwerfen, ich hätte mehr fordern sollen. Möglich ist auch, daß sich Krisen einstellen, wenn sie der Pubertät entwachsen sind. Auch junge Erwachsene können ihren Eltern ganz schöne Sorgen machen, und sei es nur deshalb, weil sie einfach nicht von zu Hause ausziehen. Hotel Mama nennt man das dann. Hat die partnerschaftliche Beziehung zwischen Eltern und Kindern, die für mich selbstverständlich ist, zur Folge, daß man lebenslang zusammenhokken will? Ich weiß es nicht.

Eines kann ich aber mit Gewißheit sagen: Krisen sind sinnvoll und nützlich. Und meist sind sie lösbar! Immer wenn Kinder oder Eltern Symptome zeigen oder das sichere Gefühl haben, so geht es nicht mehr weiter, sind sie an einem Punkt, der Veränderungen ermöglicht. Oft finden Familien diesen Kick selbst, manchmal ist es nützlich, sich von einem Experten/einer Expertin helfen zu lassen. Niemand aber darf von sich behaupten: »Mein Sohn hat mich ins Unglück gestürzt!« Oder: »Meine Mutter hat mich ins Abseits getrieben.« Jeder Mensch hat das Recht, glücklich zu sein, und jeder muß sein Glück selbst finden.

Pubertät ist der Abschied von der Kindheit. Wörtlich übersetzt bedeutet das Wort jedoch, daß Schamhaare wachsen und die Geschlechtsreife eintritt (pubes = Schamhaare, pubertas = Geschlechtsreife). Während der Körper erwachsen wird – und das in höchst unterschiedlichem Tempo –, ist die Seele hin- und hergerissen: Einerseits sehnt sie sich nach Freiheit und Unabhängigkeit, andererseits hat sie Angst davor und verklärt die schönen Tage geborgenen Kindseins. Zu dieser Zerrissenheit kommt eine große Verletzlichkeit. Der Heranwachsende muß sich immer wieder fragen: Wer bin ich? Was soll ich? Und wozu bin ich da?

Dieses Erwachsenwerden ist mit 18 Jahren keineswegs abgeschlossen. Ich möchte sogar behaupten, daß viele Erwachsene überhaupt nicht erwachsen sind. Wer jedoch eine Antwort auf die drei Fragen gefunden hat, wird sich im Leben zurechtfinden.

Wenn Kinder Abschied nehmen müssen, stehen auch Eltern vor neuen Aufgaben. Sie müssen Abschied nehmen von dem Allmachts-Traum, ihrem Kind alle Schwierigkeiten aus dem Weg räumen und sein Schicksal in bestimmte Bahnen lenken zu können. Sie müssen sich allmählich von ihrer Elternrolle verabschieden.

Körperliche Veränderungen

Die körperlichen Veränderungen können atemberaubend und hervorstechend sein – oder auch gar nicht bemerkbar.

Vielleicht »schießt« der Sohn in die Höhe, vielleicht bekommt die Tochter einen Busen, vielleicht noch nicht. Die meisten Kinder mögen sich nun nicht mehr nackt zeigen, und das ist ja wohl verständlich: Es geht niemand etwas an, wie »weit« oder nicht weit sie sind. Es kann schwierig sein, mit diesen zum Teil radikalen Veränderungen der eigenen Person umzugehen. Nie mehr im späteren Leben ist der Mensch einem solchen Wandel unterworfen!

Der »pubertäre Wachstumsschub« beginnt bei Mädchen zwischen siebeneinhalb und elfeinhalb Jahren, bei Jungen zwischen dem 10. und 14. Lebensjahr. Typisch ist, daß Mädchen den Jungen eine Zeitlang in ihrer körperlichen Entwicklung voraus sind, was in Schulklassen deutlich wird. Dies sind jedoch nur Durchschnitts-

PUBERTÄRER
WACHSTUMS-SCHUB

werte, so daß man immer wieder auch Zwerge neben Riesen sieht, und natürlich spielen auch erbliche Voraussetzungen eine Rolle. Ein zwölfjähriges Mädchen wächst durchschnittlich 8 cm im Jahr, ein 14jähriger Junge 10 cm. Während Mädchen mit ungefähr 18 Jahren ihre Endgröße erreicht haben, wachsen junge Männer noch weiter, bis sie über 20 sind.

Diese Zahlen betreffen das Längenwachstum. Tatsähclich wachsen Arme und Beine jedoch oft stärker als der übrige Körper, außerdem geraten Füße und Hände »aus den Fugen«. Im Gesicht kann die Nase besonders hervortreten, Unterkiefer oder Ohren können als besonders groß erscheinen. So erlebt das Kind mehr oder weniger deutlich eine gewisse Disharmonie, bewegt sich ungeschickt, schlenkrig und tollpatschig. Natürlich wird es auch von Selbstzweifeln geplagt, und manch eine/r möchte »den Spiegel zertrümmern«.

Mädchen haben es dabei sicherlich schwerer als Jungen. Der Druck, als Sexualobjekt attraktiv zu sein und in der Gruppe der Gleichaltrigen nicht aus der »Schönheits«rolle zu fallen, kann sehr belasten. Eltern können hier nicht viel mehr tun, als in Worten und Verhalten zu zeigen, was so wichtig ist: »Ich mag dich so wie du bist!« Und: »Jede/r ist auf seine/ihre Weise schön.« Das Kind muß jedoch selbst entdecken, welche Werte ihm wichtig sind und welche Klischees und Rollenbilder es übernehmen will.

Experimente sind hier ganz wichtig, und insbesondere Väter sollten sich hüten, ihre Kommentare abzulassen. Ob Ihre Tochter Lippenstift benutzt oder eher wie ein Mäuschen aussieht, ist meiner Meinung nach ihre eigene Angelegenheit. Müssen Sie alles und jedes unbedingt bewerten? Wenn Sie unbedingt Ihre Meinung sagen wollen: Bitte überprüfen Sie Ihre Wortwahl. »Du siehst aus wie eine Nutte« ist äußerst verletzend. »Ich finde, du siehst sehr aufreizend aus« kann vielleicht zum Nachdenken anregen. Verletzungen können Entwicklungen aber verhindern, keinesfalls fördern.

Zwischen dem 10. und 16. Lebensjahr setzt bei Mädchen die Periode ein, während die Körperbehaarung erst später auftritt. Gleichzeitig wächst der Uterus, die Eierstöcke entwickeln sich. Gesteuert werden diese Wachstumsprozesse übrigens bei Mädchen und Jungen durch männliche Keimdrüsenhormone, Androgene. Diese sind auch für die Ausbildung eher »männlicher« Verhaltensweisen mitverantwortlich, die sich in Durchsetzungsfähigkeit, Aktivität, Autonomiestreben und Aggressivität äußern können. Auch für Depressionen können Hormone verantwortlich gemacht werden. Der Östradiolspiegel erhöht sich bei Mädchen stark, dunkle Gefühle können die Folge sein. Daß jedoch soziale Faktoren Gefühle wesentlich stärker beeinflussen als Hormone, ist unbestritten.

Bei Jungen vergrößern sich Hoden und Penis. Sie werden dunkler, Haare wachsen, der Kehlkopf vergrößert sich, Baarthaare sprießen. Zwischen dem 13. und 15. Lebensjahr haben Jungen ihren ersten Samenerguß, auch Pollution genannt. Während für Mädchen die erste Menstruation oft etwas Erschreckendes und

Unangenehmes ist, ist der Samenerguß für Jungen meist mit schönen Träumen verbunden. Nach dem »Erwachen« kann aber auch Scham auftreten, verbunden mit Heimlichkeit, Verstecken der Wäsche und womöglich schlechtem Gewissen. Deshalb ist ein »offenes Gespräch« zwischen Vater und Sohn über dieses Thema sinnvoll. Alleinerziehende Mütter haben vielleicht einen Freund, den sie um Unterstützung bitten können – jedenfalls ist es für Frauen schwerer, »Männerthemen« anzugehen, ohne sich als »Voyeure« fühlen zu müssen. Wenn Sie dies bedenken, finden Sie vielleicht den richtigen Ton.

Wie der einzelne Jugendliche seine körperlichen Veränderungen aufnimmt, ist höchst unterschiedlich. Während der eine kaum etwas bemerkt, quält sich der andere und vermeidet jeden Blick in den Spiegel. Beziehungen zu Gleichaltrigen, verständnisvolle Eltern, Interessen und Hobbys können sich sehr mildernd auf körperliche »Vulkanausbrüche« auswirken.

Die Annahme der eigenen Geschlechtsrolle kann auch durch das Fehlen des gleichgeschlechtlichen Elternteils erschwert werden. Wenn z. B. eine alleinerziehende Mutter vor den Ohren ihres Sohnes häufig schlecht über Männer im allgemeinen und seinen Vater im besonderen redet, wird es diesem Jungen schwerfallen, Mann zu werden. Auch wenn er aus dem Fernsehen andere Männer »kennt« – er bleibt doch Sohn dieses »miesen Typen«. Entsprechendes gilt umgekehrt für Mädchen, die bei ihren Vätern leben. Aus eben diesem Grund – der Suche nach positiver Identität – wünschen sich viele Kinder Alleinziehender in diesem Alter, zum getrenntlebenden gleichgeschlechtlichen Elternteil zu ziehen. Dieser Wunsch ist ganz normal und sollte – wenn irgend möglich – unterstützt werden.

Die erste Menstruation

Natürlich sollten Mädchen wissen, was in ihrem Körper vorgeht, wenn sie ihre Monatsblutung bekommen

– und zwar bevor es soweit ist. Wichtig ist es auch zu wissen, daß das Einsetzen der ersten Regel zwischen dem 10. und 16. Lebensjahr geschehen kann, ein »Früher« oder »Später« also völlig normal ist. Die eigentliche »Geschlechtsreife«, also Fruchtbarkeit, spielt sich erst allmählich ein. Zeugungsfähig sind Jungen und Mädchen erst ungefähr ein Jahr nach der ersten Menstruation bzw. Pollution. Die Angst vor einer verfrühten Blutung wie auch die Sehnsucht, »endlich« auch dazuzugehören, sind unbegründet und komplizieren den normalen körperlichen Vorgang unnötig. Selbstverständlich sein sollten auch das Bereitlegen von Tampons oder Monatsbinden, die sich das Mädchen selber aussuchen sollte, und deren Aufbewahrung an einer zugänglichen Stelle.

Dies alles sind die äußeren »Rahmenbedingungen«. Die Haltung der Mutter zur Menstruation, die oft schon in der familienüblichen Bezeichnung dafür zum Ausdruck kommt, ist allerdings entscheidender als die äußeren »Maßnahmen«. Wenn eine Frau »ihren Schiet« oder »ihr Gelump« bekommt, wird es für das Mädchen sehr schwer, eine unbefangene Haltung zu dieser natürlichen körperlichen Veränderung einzunehmen. Wenn Mütter die Menstruation als etwas Unangenehmes, Bedauerliches und Schmerzhaftes definieren, können Töchter dies kaum anders erleben. Bauchkrämpfe und Rückenschmerzen verstärken sich, wenn Angst hinzukommt. Sie werden geradezu suggeriert und wirken entsprechend. Ist die Menstruation dagegen der natürliche Abgang eines Eies, die normale Reinigung der

Gebärmutter und ein besonderes Erlebnis im Frausein, können mögliche Beschwerden auch hingenommen werden.

Ich persönlich finde es sehr wichtig, Mädchen dieses Angebundensein an den Mondrhythmus nahezubringen, dem wir Frauen wie Ebbe und Flut unterliegen. Aus dem Gefühl, Teil der Natur und mit ihren Rhythmen verwoben zu sein, kann ein Gefühl der Geborgenheit und Stärke entstehen, wie ich es übrigens auch bei vielen Mädchen beobachte. Wer schon Kindern oder Teenagern den Griff zur Schmerztablette empfiehlt, entfremdet sie von ihrem eigenen Körper und ihrer Stärke.

Dem eigenen Wachstum und Körper vertrauen, ihn kennen und lieben zu lernen, gehört für mich zu den wichtigsten Aufgaben, die Eltern ihren Heranwachsenden vorleben sollten. Menstruationsbeschwerden und auch das prämenstruelle Syndrom (PMS), das mit depressiven oder reizbaren Verstimmungen einhergehen kann, sind normal und lassen sich mit natürlichen Methoden mildern. Ausreichender Schlaf, ausreichende Versorgung mit Eisen und Vitamin-B-Komplex, ätherische Öle von römischer Kamille, Neroli, Orange und Muskatellersalbei helfen, die Stimmung zu verbessern und zu entkrampfen. Sie können mit Wasser in die Duftlampe (je nach Zimmergröße 1–6 Tropfen des ätherischen Öls) oder in Pflanzenöl (3–5 Tropfen auf einen Eierbecher Pflanzenöl) gegeben und einmassiert werden. Außerdem kann entspannender Kräutertee (Brombeerblätter, Frauenmantel, Taubnessel, Johanniskraut, Ringelblume, Eisenkraut) helfen.

Der natürliche Umgang mit diesen körperlichen und hormonbedingten Abläufen ist übrigens nicht nur für die Menstruation von Bedeutung. Er ist im Grunde auch Drogenprophylaxe und allgemeine Gesundheitserziehung, denn nur ein angstfreier, vertrauensvoller Umgang mit dem eigenen Körper ermöglicht Gesundheit und Wohlbefinden.

Zu erwähnen bleibt noch, daß sich die Einstellung zur Periode auch auf die Einstellung zur Geburt übertragen kann. Sie läßt sich sowohl als fürchterliche Quälerei als auch als schönes, einmaliges Abenteuer definieren.

Wenn Mütter meinen, sie möchten auf diesem Gebiet dazulernen oder eigene Probleme lösen, empfehle ich das Gespräch mit einem guten Körper- oder Hypnotherapeuten. Empfehlenswert ist auch die Kassette »Ich bin in meinem Mond« von Barbara Künkel. Sie ist so konzipiert, daß menstruelle Beschwerden gelindert werden können, und wirkt auch allgemein entspannend. Zu beziehen ist sie über Iskopress, Postfach 1263, 21373 Salzhausen, Tel. 0 41 72/76 53. Sie kostet 38 DM.

Geistig-seelische Veränderungen

Alters- und erfahrungsbedingt verändern sich in der Lebensphase Pubertät auch das Denken und Fühlen. Das Denken löst sich immer mehr von seinen anschaulichen Grundlagen, und die Abstraktionsfähigkeit nimmt mehr und mehr zu. Begriffe werden zunehmend mit Hilfe von Oberbegriffen definiert, immer mehr Zusammenhänge durchschaut, und die Welt, wie sie denkbar und möglich erscheint, wird zum Thema. Das kritische Denken entfaltet sich intensiv, und eine komplexere Weltsicht nimmt ihre Entwicklung. Eigene Ideen und Ideale, Zukunftsentwürfe werden diskutiert und zuweilen von Stimmungen, Gefühlen und Zweifeln überdeckt, gefördert oder verworfen. Wer sich an seine eigene Jugend zurückerinnern kann, weiß, wie stark die Betroffenheit über die Unzulänglichkeit der Welt sein kann und wie heftig das Verlangen, handelnd einzugreifen und zu verändern. Sehnsucht nach etwas Heilem und Vollkommenem mischt sich mit Kritik am Bestehenden, Hilflosigkeit paart sich mit Stärke, Größenwahn und Gerechtigkeitssinn. »Gute Jugend glaubt, daß sie Flügel habe und daß alles Rechte (im Sinne von Richtige!, Anm. d. V.) auf ihre herbrausende Ankunft warte«, schreibt Ernst Bloch.

Die Suche nach Vorbildern ist in diesem Alter besonders wichtig. Eltern können Beispiel im Offensein, in Lernbereitschaft und in Konfliktlösungsverhalten sein. Sie können meinungsbildend wirken, und zwar auch dann, wenn sie gebraucht werden, um sich abzugrenzen. Jugendliche sehnen sich nach offener, fairer Konfrontation, und auch wenn sie sagen: »Du erzählst Unsinn«, heißt das noch lange nicht, daß sie im Innern nicht Respekt vor der Meinung des Gegenübers und Bewunderung für den gezeigten Mut haben. Am fairen Meinungsaustausch wachsen Jugendliche, Moralpredigten oder dogmatisch vorgetragene Glaubenssätze erschüttern sie. Auf der Suche nach Identität nehmen Jugendliche Verhaltensmuster und Werte an und legen sie wieder ab. Das gehört zu den wichtigen Erfahrungen dieser Experimentierphase des Lebens. Erwachsene können sich in eine sinnlose Konfrontation verrennen, wenn sie sich mit übertriebener Sorge nähern und überall Gefährdung vermuten. Entgegengebrachtes Vertrauen, Zuhören und Respektieren der Haltung des Jugendlichen, ohne die ei-

gene Haltung und Meinung zu verbergen, kann noch viele Jahre später Früchte tragen. Noch heute erinnere ich mich gern an die Lehrerinnen, die mir diese Haltung vorlebten. Es waren wenige.

In der Pubertät richtet das heranwachsende Kind seine Gedanken auch auf sich selbst. Es sieht sich von außen und muß dabei abschätzen lernen, was es kann und in Zukunft können wird. Neben gedanklichen Höhenflügen und Selbstüberschätzung kann es auch zu vernichtenden Urteilen über sich selbst kommen. Obwohl vielleicht ein Jugendlicher viel über sich nachdenkt, versteht er sich selbst noch lange nicht und ist seinen eigenen heftigen Gefühlen oft hilflos ausgesetzt. Sich selbst mit all diesen verwirrenden, fremdartigen und vielleicht auch beängstigenden Gefühlen zu verstehen und zu akzeptieren, ist vielleicht das schwierigste am Erwachsenwerden.

Notwendige Entwicklungsschritte der Heranwachsenden

Jugendliche müssen sich allmählich von ihrer Kindheit und den Eltern lösen, um den eigenen Weg zu finden. Den eigenen Weg kann ihnen niemand abnehmen; das heißt, die eigene Identität zu finden, ist die Aufgabe, die jedes Kind irgendwann lösen muß. Hierzu gehört:
 – den eigenen Körper mit seiner Geschlechtsrolle so

anzunehmen, wie er ist, zu seinem Aussehen zu stehen und das Frausein oder Mannsein anzunehmen, aber auch, Rollenklischees zu hinterfragen und sich damit auseinanderzusetzen,

– Beziehungen zu Gleichaltrigen zu pflegen und neu herzustellen, mit anderen zusammenzuarbeiten, aber auch zu wetteifern, zusammenzuhalten und sich abzugrenzen,

– Liebesbeziehungen einzugehen, Partner zu finden, das Verhältnis von Nähe und Distanz regeln zu lernen, Beziehungen abzubrechen, wenn sie sich als nicht tragfähig oder unbefriedigend erweisen,

– auf Ziele hinzuarbeiten und berufliche Pläne zu schmieden.

Gesamtgesellschaftlich gesehen ist es die Rolle der Jugend, Wandel zu provozieren, Überliefertes zu bezweifeln und nach neuen Perspektiven zu suchen. Provokation des Etablierten und Bildung einer Subkultur gehören zwangsläufig dazu. Ohne sie würde jede Gesellschaft erstarren. Daß sich bei der Lösung dieser Aufgaben vielfältige Schwierigkeiten und Konflikte ergeben, versteht sich wohl von selbst. Letztendlich sind diese nichts anderes als Chancen für neue, fruchtbare Entwicklungen.

Natürlich sind diese Aufgaben auch keinesfalls im Alter von 12 bis 16 Jahren zu lösen. Sie geben nur Tendenzen an; Entwicklungsschritte benötigen immer individuelle Zeit. Besondere Schwierigkeiten liegen in unserer heutigen Zeit darin, daß Jugendliche oder Kinder immer früher körperlich reifen, jedoch immer später finanziell und emotional unabhängig von den Eltern werden. Eine als ungewiß oder düster erlebte Zukunft und eine immer künstlicher werdende Umwelt können zu »Lähmungserscheinungen« führen und Entwicklung verhindern. Die Hinwendung zur Natur und zu den mit ihrer Bedrohung verbundenen Erfordernissen schafft nicht nur ein Feld sinnvoller, selbstverantwortlich zu übernehmender Handlungsaufgaben, sondern ermöglicht Lösungsprozesse im doppelten Sinn: Als Loslösung von der Erwachsenengeneration und als Lösung der vorhandenen vielfältigen Probleme – abgesehen von der Möglichkeit, in der Natur ganz selbstverständlich den Prozeß der Ablösung, des Werdens und Vergehens beobachten zu können.

Rituale erleichtern den Weg

Es gibt Forscherinnen, die behaupten, daß das Fehlen von Ritualen in unserer Zeit und unserer Gesellschaft zu den ernstesten Problemen gehört (Mary Douglas, Ritual, Tabu und Körpersymbolik, zit. n.: Psychologie heute, 1/94, S. 34). Damit berauben sich die Menschen einer wichtigen Ausdrucksmöglichkeit. In dieser Aussage steckt sicherlich viel Wahres, denn jeder von uns kennt den Hunger nach Außergewöhnlichem, den Wunsch nach Höhepunkten und feierlichen Inszenierungen. Naturvölker wenden bestimmte Rituale an, die einzelne Lebensabschnitte kennzeichnen. Hierdurch gibt es klare Regeln der Veränderung, und die betroffenen Kinder und deren Eltern wissen, was im kommenden Lebensabschnitt ansteht und zu beachten ist.

Was sind überhaupt Rituale, und was macht sie wertvoll?

Rituale sind symbolische Handlungen, die eine feste Ordnung haben bzw. einen bestimmten, festgelegten Ablauf. Sie sind in der gleichen Art wiederholbar bzw. wiederkehrend, sind an bestimmte Ideologien gebunden und beziehen immer mehrere Sinne ein. Sie sind etwas Außergewöhnliches, Nichtalltägliches und lösen in der Regel starke Gefühle aus, die sie gleichzeitig auffangen. Oft sind Rituale an Kontakt mit der Natur gebunden und sie haben immer eine soziale Dimension und Bedeutung, indem sie die Zugehörigkeit zu einer bestimmten Gruppe kennzeichnen und in Gemeinschaft oder unter Anteilnahme der Gemeinschaft ausgeführt werden. Durch die starke Koppelung an Sinne und Gefühle werden gleichzeitig Lernprozesse ausgelöst und Erinnerungen gefestigt. Diese Erlebnisse vergißt niemand so leicht!

Der Übergang vom Kind zum Erwachsenen wird in fast allen Kulturen mit einer Initiation verbunden. Der französische Ethnograph Arnold van Gennep schreibt in seinem Buch »Übergangsriten«:

»Für Gruppen wie für Individuen bedeutet Leben unaufhörlich sich trennen und wieder vereinigen, Zustand und Form verändern, sterben und wiedergeboren werden. Es bedeutet handeln und innehalten, warten und sich ausruhen, um dann erneut, aber anders zu handeln. Und immer sind neue Schwellen zu überschreiten: die Schwelle des Sommers oder die des Winters, der Jahreszeit oder des Jahres, des Monats oder der Nacht. Die Schwelle der Geburt, des Erwachsenwerdens, die Schwelle des Todes und – für die, die daran glauben – die Schwelle zum Jenseits.« (Zitiert nach Psychologie heute, 1/1994, S. 35) Der Vorgang des Initiationsrituals ist in allen Kulturen ähnlich, geht es ja auch jeweils um die Aufnahme der Jungen oder Mädchen in die Welt der Frauen oder Männer. Dabei werden meist drei Schritte vollzogen:

1. Die Trennung vom anderen Geschlecht bzw. die Herauslösung aus der Gruppe der Kinder und damit verbunden ein Loslösen vom alten Status, ein symbolischer Tod.

2. Die Zeit der Mutproben, Bewährungsproben und

das Meistern bestimmter Aufgaben wie Fasten, Schweigen, Ertragen von Schmerzen und Ängsten.

3. Feierlicher Aufnahmeakt in die neue Gemeinschaft, meist verbunden mit der Einweihung in bestimmte Geheimnisse und bestimmtes Wissen.

Rituale erleichtern das Zurechtfinden und auch bei uns bestehen sie fort. So etwa die Kommunion, die noch in die Kindheit fällt, oder Konfirmation und Jugendweihe. Sie werden allerdings häufig als hohl erlebt und bedeuten oft nichts weiter als das erste Glas Alkohol und viele Geschenke, vor allem in Geldform. Vielleicht zwei typische Merkmale unserer Gesellschaft. Viele Eltern der heutigen Generation haben sich von den Ideologien ihrer Eltern gelöst und damit auch von deren Ritualen getrennt. Ob das nun die katholische Beichte oder die Parteiversammlung der SED war – die Loslösung erzeugt ein Vakuum und einen Verlust, das Gefühl des Verlorenseins. So schafft sich die Jugend heute neue Rituale – zum Beispiel die Punks. »Hier markieren bewußt gewählte Symbole und Handlungsabläufe sehr deutlich die Mitgliedschaft ›in‹ und die Abgrenzung ›von‹ etwas. Gerade die Punks, die sich lautstark den Normen und Werten dieser Gesellschaft versagen, haben sich ein rituelles Korsett angelegt, das bezüglich Konformität und Entindividualisierung schon fast mönchische Züge trägt. . . Was nach außen verwahrlost und heruntergekommen wirkt, ist in Wirklichkeit mühevoll arrangiert und steht für Entsagung von ›dieser‹ schnöden und konsumistischen Welt. Sicherheitsnadeln und Rasierklingen, die den Körper oder die Kleidung zieren, erinnern an Verstümmelungen und Selbstverletzungen, wie es zur Übergangszeit vorindustrieller Initiationsrituale gehört.« (Zit. n. Psychologie heute, 1/1994, S. 36) Auch die Organisatoren rechtsextremer Jugendgruppen und die Führer diverser Sekten machen sich diesen Hunger nach Ritualen zu eigen.

Durch Rituale wird das gemeinsame Weltbild ausgedrückt. Rituale sagen ohne Worte sehr viel aus und schaffen eine tiefe Verbundenheit zwischen den Teilnehmern, was viel Sicherheit und Geborgenheit vermittelt. Kostüme, Uniformen, Masken, Speisen, Getränke, Lieder, Gesten, Tänze, Symbole, Farben und Gerüche machen das Ritual zu einem unvergeßlichen Ereignis.

Es wäre daher Aufgabe heutiger Eltern und Erzieher, eigene, kreative Rituale zu entwickeln, wie viele das bei ihren jüngeren Kindern ja schon in bezug auf Weihnachtsfeiern, Geburtstagsfeste oder Ins-Bett-Bringen tun. Die erste Menstruation, der zwölfte Geburtstag oder sonst ein Ereignis könnten Anlaß sein zu einem besonderen Fest, mit dem Sie Ihrem Teenie zu verstehen geben, daß Sie begriffen haben, daß sie oder er in einen neuen Lebensabschnitt eingetreten ist. Dabei muß das Ritual für alle Beteiligten stimmen und alle müssen etwas dazu beitragen – z. B. in Form von symbolhaltigen Geschenken, die nicht unbedingt etwas kosten müssen (!) und gegenseitig ausgetauscht werden.

Die Teilnehmerin eines Workshops erzählte mir von einem Ritual ihrer ursprünglichen Heimat an der Donau: Dort wurden zu einer bestimmten Jahreszeit Bäume gepflanzt und nur Frauen und Mädchen eines bestimmten Alters durften sich an dieser Aktion beteiligen. Dabei war es üblich, sich »unanständige« Witze zu erzählen und die Mädchen dabei aufzuklären.

Katrin Stender schreibt: »Die Initiation als Einführung in das Leben hat in unserer Zeit ihre Gültigkeit verloren. Im Verlauf des Zivilisationsprozesses ist die Zukunft immer ungewisser geworden, so daß man sich nicht sicher ist, auf was man die Heranwachsenden vorbereiten soll. Geblieben aber sind die extremen Gefühlszustände der Jugendlichen, die nun keinen Rahmen und keinen Raum mehr finden für die Entäußerung des inneren Chaos. Sie sind restlos überfordert, wenn ihre kleine Welt die Verödung des sozialen Lebens ersetzen soll. Das S-Bahn-Surfen, das Interesse für Horrorvideos und Brutalos, die Faszination für das Gruppenleben und auch die Hinwendung zu den ›Blut- und Boden-Mythen‹ als Synonym für Heimat – all das sind mehr oder weniger verzweifelte Strategien, das rituelle Vakuum dieser Gesellschaft zu füllen.« (Zit. n. Psychologie heute, 1/1994, S. 37)

Wenn dies so ist, lohnt es sich für uns, einen Blick unter die glatte Oberfläche des Alltäglichen zu lenken und »die weiten Savannen des Lebens, wo man sich allseitig schutzlos vorfindet, bewohnbar, urbar zu machen, Vertrauensinseln und Ordnungsinseln herauszuroden« (zit. n. a.a.O.), das Allzuvertraute neu zu beleuchten, so daß es Ausstrahlung bekommt.

Solche kleinen Rituale können Teetrinken sein, das

Anzünden einer Duftlampe oder Räuchermischung, ein Gespräch, das von einem festlichen Essen umrahmt wird, die besondere Ausgestaltung immer wiederkehrender Arbeiten, besondere Feiern zum Wochenende u.v.m. Solche kleinen, dem Alltagschaos entspringenden Rituale können unser Leben als Eltern ordnen und verschönern, unseren Kindern Orientierung und Halt geben, ihnen aber auch ermöglichen, eigene Rituale zu erfinden und zu kultivieren, ohne der ständigen Kontrolle durch die Eltern zu unterliegen.

Und die Eltern?

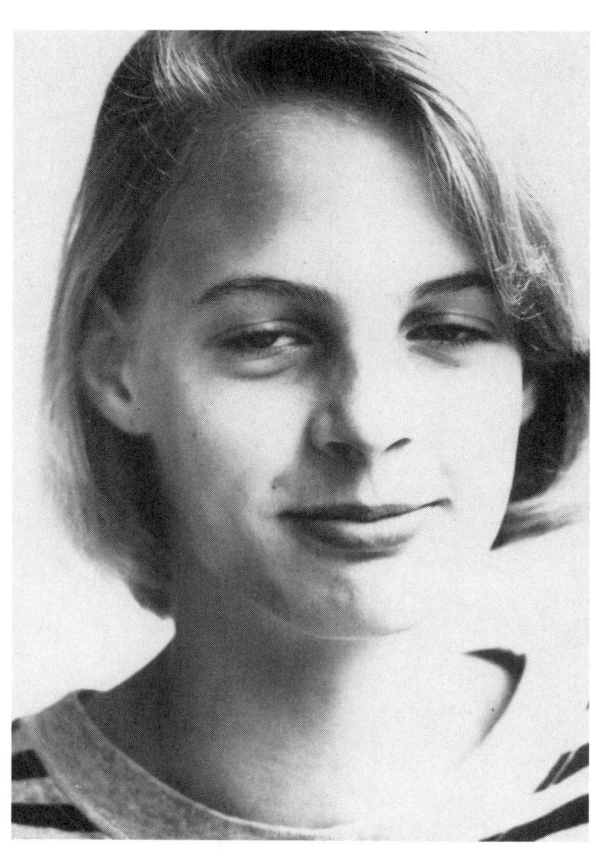

Keiner versteht mich!
Die Kunst, zuzuhören
und wirkungsvoll zu kommunizieren

»Meine Eltern verstehen mich nicht!« oder »Niemand hört mir zu«, ist wohl eine der häufigsten Klagen von Jugendlichen. Umgekehrt fühlen sich Eltern mißachtet, beleidigt und unverstanden – und das trifft sie besonders schwer, weil sie es doch so gut meinen und gern bessere Menschen wären. Die furchtbare Last der Verantwortung drückt Eltern schwer. Hierdurch fühlen sie sich hilfloser, wo sie doch gerade Stärke brauchen. Deshalb ist es nützlich, sich zu vergegenwärtigen, daß Eltern Menschen mit »Fehlern« und Schwächen sind, keine vollkommenen Wesen. Dies unseren Kindern zu sagen, ist nützlich: »Ich mache jeden Tag bestimmte Erfahrungen, darunter auch solche, die ich als Fehler ansehen könnte. Im Grunde sind es aber Informationen, ich lerne daraus. Wenn ich merke, daß ein Verhalten keine guten Folgen hat, bemühe ich mich, etwas zu verändern.« Eine weitere äußerst wichtige Botschaft ist die: »Ich bin für mein Leben verantwortlich – du für deins. Wenn ich schlechte Gefühle habe, liegt das allein in meiner Verantwortung!«

Der Weg, einander näher zu kommen und sich besser zu verstehen, führt über »die Sprache der Annahme«, wie Thomas Gordon das so treffend nennt. Wer sein Gegenüber so annimmt, wie es ist, ermöglicht ihm, zu wachsen, sich zu entfalten und konstruktiv zu verän-

DAS DRAMA DES BEGABTEN KINDES

dern. Wir Erwachsenen sind diese Sprache der Annahme unseren Kindern schuldig – umgekehrt können wir das nicht verlangen, weil dem Heranwachsenden die Weisheit und Erfahrung fehlt, die eine solche Sprache voraussetzt. Wir müssen ihnen diese Sprache vorleben – und das fällt uns schwer genug.

»Wenn ein Mensch fühlt, daß ihn ein anderer wirklich annimmt, wie er ist, dann ist er frei geworden, sich von dort aufzumachen und mit der Überlegung zu beginnen, wie er sich verändern möchte, wie er anders werden kann, wie er mehr von dem werden könnte, das zu sein er befähigt ist.« (Thomas Gordon, Familienkonferenz S. 42) Die Annahme ist wie fruchtbarer, guter Boden, der einem Samenkorn ermöglicht, sich zu entfalten.

Dieses Einfache, das schwer zu machen ist, widerspricht auch der gängigen Annahme, daß ein Jugendlicher, der etwas tut, was man selbst nicht gut findet, zu kritisieren, zu ermahnen, zu verurteilen oder zu bestrafen sei. Tatsächlich aber gilt: Sage einem Menschen oft genug, daß er schlecht ist, und er wird schlecht.

Moralpredigten und Ermahnungen stoßen Kinder zurück und verbauen den Weg für echte Gespräche.

Wer lernen möchte, seinen Kindern zuzuhören und wirksam mit ihnen zu kommunizieren, sollte folgende Regeln beachten:

1. Kommunikation läuft zu 80 Prozent ohne Worte ab

Tonfall, Körperhaltung, Mimik, Gestik, Sprechtempo und Stimmlage sagen mehr aus als Worte. Mißverständnisse setzen da ein, wo diese unterschwelligen Botschaften nicht beachtet oder anders interpretiert werden, als der Sender sie verstand. Der Kommunikationsforscher Schulz von Thun spricht von den vier Seiten einer Nachricht. Nehmen wir an, Sie sagen Ihrer Tochter: »Du bist um 22 Uhr zu Hause«, so enthält diese Nachricht vier Aspekte:

a) Den Sachgehalt: Sie soll um 22 Uhr zu Hause sein.

b) Den Appellgehalt: Z. B. komm ja nicht wieder so spät wie letztes Mal!

c) Die Beziehungsebene: Ich bestimme, wann du zu Hause bist.

d) Die Selbstoffenbarung: Mir ist nicht gleichgültig, wann du kommst. Ich mache mir Sorgen.

Umgekehrt hört die Empfängerin der Nachricht, in diesem Fall Ihre Tochter, ebenfalls mit »vier Ohren« bzw. auf vier Ebenen

a) Sach-Ohr: Ich muß um 22 Uhr zu Hause sein!

b) Appell-Ohr: Z. B. immer muß ich so früh zu Hause sein!

c) Beziehungs-Ohr: Dauernd werde ich kontrolliert!

d) Selbstoffenbarungs-Ohr: Ich bin alt genug, um selbst zu bestimmen, wann ich nach Hause komme.

Mißverständnisse treten gehäuft dann auf, wenn ein »Ohr« besonders »hellhörig« ist und der Sender etwas anderes herüberbringen wollte, als ankam. Z. B.: Die Mutter will zum Ausdruck bringen, daß sie sich Sorgen macht, weil sie ihr Kind liebt. Die Tochter hört, daß sie ewig kontrolliert werden soll und nie für voll genommen wird.

Wortlose, durch Mimik unterstützte Botschaften können dagegen das, was gemeint war, unterstützen und so helfen, Türen zu öffnen, anstatt zuzuschlagen. Z. B.: »Du bist um 22 Uhr zu Hause«, könnte mit ruhiger freundlicher Stimme, vielleicht sogar mit Fragezeichen und einem Lächeln gesprochen werden. Noch günstiger wäre vielleicht, zu fragen: »Was meinst du – wie können wir es heute erreichen, daß du viel Spaß auf deiner Fete hast und ich mir keine Sorgen machen muß? Wann glaubst du, würdest du dann zu Hause sein?«

Aber auch in der Fortsetzung des ersten Gespräches ließen sich Mißverständnisse vermeiden, wenn folgende weiteren Regeln beachtet werden:

2. Nichteinmischen und Nichtbewerten von Beschäftigungen, denen Ihr Kind nachgeht

Sicherlich gilt das nicht für jede Tätigkeit. Aber: Heranwachsende müssen sich erproben und deshalb auch experimentieren dürfen, ohne gleich abwertende Kommentare, Bemerkungen oder Verbesserungsvorschläge hören zu müssen. Das Recht, Fehler machen zu dürfen, ist ein sehr wichtiges Recht, ohne das es kein Lernen gäbe. Nach meinen Beobachtungen wird dieses Recht heute mehr denn je beschnitten. Viele Eltern wollen ihr Kind auf einem schnurgeraden Weg nach »oben« sehen. Das Vermeiden von Umwegen und Lernerfahrungen ist jedoch nicht ohne Konsequenzen.

3. Erlernen des passiven Zuhörens

Das bedeutet, ertragen zu lernen, eine Schilderung des Kindes ohne Kommentare und Bemerkungen anzuhören. Oft können Sie dann erleben, daß das Kind sich im Gespräch entwickelt und anfängt, über sein Verhalten nachzudenken. Z. B.:

»Ich bin heute ins Klassenbuch eingetragen worden.«

Vater: »Aha.«

»Die alte Ewers behauptet immer, ich rede zuviel.«

Vater: »So.«

»Es ist saulangweilig bei dieser blöden Kuh.«

Vater: schweigt.

»Ich muß allerdings zugeben, daß ich mich wirklich dauernd mit Lena unterhalte. Aber wenn es so langweilig ist? Wenn ich an meine Zensur denke, muß ich gestehen, ist es nicht so günstig. Vielleicht gebe ich mir jetzt mal ein bißchen mehr Mühe.«

Wie wäre das Gespräch wohl verlaufen, wenn der Vater gleich losgepoltert hätte?

4. Annahme mit Worten vermitteln

Daß Schimpfen, Drohen, Anordnungen geben oder Vorschläge machen im Umgang mit Heranwachsenden wenig wirksam sind, haben Sie sicher schon selbst beobachtet. Thomas Gordon hat schon vor zwanzig Jahren festgestellt, daß Ich-Botschaften weniger Widerstand und Rebellion hervorrufen. Wenn Sie Ihrem Kind vermitteln, daß es selbst völlig in Ordnung ist, sein Verhalten Sie jedoch stört, bekommt es eine Botschaft, der es nicht widersprechen kann. Außerdem geben Sie dem Kind damit die Verantwortung für seine Verhaltensänderung. Sie helfen ihm so, voranzukommen und die Verantwortung für sein Verhalten auch tatsächlich zu übernehmen. Etwas Wertvolleres kann

man einem Heranwachsenden kaum mitgeben! Gleichzeitig signalisieren Sie damit, daß Sie ihm zutrauen, auf konstruktive Weise mit dem Problem fertig zu werden. Die Sprache wirkt hier wie Suggestion. Und die Frage ist: Welche Suggestion ist sinnvoll?

Tochter: »Wann ich nach Hause komme, weiß ich nicht.«

Vater: »Ich mache mir aber Sorgen um dich. Ich fürchte, du könntest überfallen werden.«

Tochter: »Ich kann schon auf mich selbst aufpassen. Entweder ich rufe dich an, wenn die meisten gehen, oder ich nehme mir mit Jenny ein Taxi.«

Das schwierige an den Ich-Botschaften ist, sie nicht zu vergessen. Lernt man es aber, ist diese Art Kommunikation nicht nur in bezug auf Kinder, sondern überhaupt im Umgang mit Menschen äußerst nützlich.

Normalerweise geben wir anderen die Schuld für alles, was uns belastet oder quält. Hierdurch ändert sich nichts. Auch das Verpacken von Schuldzuweisungen in Ich-Botschaften ist nicht nützlich. »Ich finde, du bist verantwortungslos und machst mich fix und fertig!« Diese Botschaft enthält eine Abwertung und gibt dem Kind außerdem die Schuld für Gefühle, die man selber hat. Hierdurch wird suggeriert: »Wenn es mir schlecht geht, bist du dafür verantwortlich.« Dieser Glaube ist zwar sehr verbreitet, tatsächlich aber macht sich jeder Mensch seine schlechten Gefühle selbst!

Probieren Sie einmal aus, was sich ändert, wenn Sie sagen: »Ich fühle mich ausgenutzt, wenn ich noch einmal Teddys Käfig saubermachen muß. Er sitzt seit drei

Wochen in seinem Dreck. Ich hoffe, er wird nicht krank.«

In Momenten, in denen Sie starken Zorn empfinden, läßt es sich oft nicht vermeiden, diesen auch herauszuschreien. Nützlich ist es jedoch, auch zu fragen, was in diesem Augenblick wirklich in Ihnen vorgeht, woher diese starken Gefühle kommen und welche eigenen Bedürfnisse hier als bedroht erlebt werden. Es ist immer lohnenswert, sich das innere »Video« anzuschauen, das in dem Moment kurz vor dem Wutausbruch eingeschaltet ist. Beobachten Sie, welche Personen in Ihrem inneren Film agieren, welche Stimmen Sie hören und welcher »Titel« da gespielt wird.

Zum Schluß noch ein paar Beispiele für effektive Ich-Botschaften, die weder Lösungen vorgeben, noch Erniedrigungen oder Vorwürfe enthalten.

Sohn will Mutters CD ausleihen, hat aber den Mülleimer nicht hinuntergebracht, was seine tägliche Pflicht ist: »Ich habe keine Lust, dir etwas zu leihen, wenn du dich nicht an unsere Abmachung mit dem Mülleimer hältst.«

Tochter hat Mahnung von der Schule bekommen, daß sie Hausaufgaben nicht angefertigt hat. Jetzt möchte sie in die Disco gehen: »Ich habe nichts dagegen, daß du tanzen gehst. Ich sehe nur das Problem, daß du Hausaufgaben nachzuholen hast.«

Tochter möchte eine Familienserie im Fernsehen angucken, hat aber die Wäsche nicht zusammengelegt und weggeräumt, wie es vereinbart war: »Ich fühle mich ausgenutzt und nicht ernst genommen, wenn Du unsere Vereinbarung nicht einhältst. Ich bitte dich um Vorschläge, wie wir das Problem lösen, bevor du einschaltest.«

5. Konfliktlösung ohne Niederlagen

Wenn man aus einem Konflikt als Sieger hervorgeht, so hat man vielleicht ein triumphales Gefühl. Es hält jedoch meistens nicht lange an. Es befriedigt schon gar nicht und bewirkt auch keine Veränderung. Echte Lösungen sind nur solche, bei denen alle Streitenden sich hinterher gut fühlen. Die Regeln für faire Konfliktaustragung lauten:

1. Nehmen Sie Kontakt mit Ihren inneren Kräften auf. An Tagen, an denen Sie sich niedergeschlagen, wütend oder schuldig fühlen, lassen Sie die Verhandlung besser sein.
   Versuchen Sie, sich das Ergebnis der erfolgreichen Verhandlung vorzustellen. Wie möchten Sie sich fühlen? In welchem Zustand möchten Sie nach dem Gespräch sein? Welche Eigenschaften wären für ein Gespräch nützlich? Sie stimmen mir sicherlich zu, daß Gelassenheit, aufmerksames Zuhören (auch durch Blickkontakt und Gesten, die andeuten, daß Sie verstanden haben), sicheres und höfliches Vertreten des eigenen Standpunktes nützlich sind. Gehen Sie das geplante Gespräch im Geiste durch und stellen Sie fest, wo Hindernisse auftreten werden. Üben Sie die optimale Reaktion geistig ein! So

wie ein Slalomfahrer im Geiste immer wieder trainiert, die Stange zu umfahren, können Sie sich auf alle Gesprächshindernisse vorbereiten.

2. Das Gespräch kann nur dann zum Ziel führen, wenn Sie die Welt Ihres Gegenübers verstehen lernen und versuchen, sich in ihn hineinzuversetzen. Das gelingt Ihnen leichter, wenn Sie seine Körperhaltung einnehmen und seine Sprache beobachten. Mit bestimmten Begriffen verbinden wir unterschiedliche Erfahrungen und wenn wir z. B. »Aufräumen« sagen, heißt das für jeden etwas anderes. Eine Nachfrage wäre hier interessant. »Was verstehst du darunter?«

3. Sehr nützlich ist auch, vom Problem weg auf eine mögliche Lösung zu schauen, z. B.: »Welchen Rat kannst du mir geben, um XY zu erreichen?«

4. Benennen Sie konkrete Situationen. Verallgemeinern Sie nie mit »immer« und »nie« und »keiner«.

5. Bleiben Sie im Hier und Jetzt. Kein Schnee von gestern!

6. Sprechen Sie Verhaltensweisen an, ohne dem anderen negative Absichten zu unterstellen.

7. Äußern Sie Empfindungen und Gefühle offen.

8. Geben Sie positive Bestätigung, wenn Sie meinen, daß etwas gut erklärt wurde.

Ein schönes Beispiel bringt Thomas Gordon. Hier geht es um einen Regenmantel.

»Jane: Tschüß. Ich geh jetzt zur Schule.

Elternteil: Liebling, es regnet draußen, und du hast deinen Regenmantel nicht an.

Jane: Den brauche ich nicht.

Elternteil: Ich finde, es regnet ziemlich heftig, und ich bin in Sorge, daß du deine Sachen ruinieren und dir einen Schnupfen holen wirst, und das wird dann uns angehen.

Jane: Also, ich will meinen Regenmantel nicht anziehen.

Elternteil: Das klingt ja so, als ob du ihn unter keinen Umständen anziehen willst.

Jane: Stimmt. Ich hasse ihn.

Elternteil: Du haßt deinen Regelmantel richtig?

Jane: Ja, er ist kariert.

Elternteil: Irgend etwas gefällt dir an karierten Regenmänteln nicht, hm?

Jane: Ja, in der Schule trägt niemand einen karierten Regenmantel.

Elternteil: Du möchtest nicht die einzige sein, die etwas anderes trägt.

Jane: Bestimmt nicht. Alle tragen einfarbige Regenmäntel – entweder weiße, blaue oder grüne.

Elternteil: Aha. Da haben wir ja einen richtigen Konflikt. Du willst deinen Regenmantel nicht anziehen, weil er kariert ist, aber ich will gewiß nicht die Rechnung der Reinigung bezahlen, und mir wird nicht wohl sein, wenn du dich erkältest. Fällt dir eine Lösung ein, die wir beide akzeptieren können? Wie können wir das lösen, damit wir beide zufrieden sind?

Jane (Pause): Vielleicht könnte ich heute Mammis Automantel leihen?

Elternteil: Wie sieht der aus? Ist er einfarbig?

Jane: Ja, er ist weiß.

Elternteil: Glaubst du, sie wird ihn dich heute anziehen lassen?

Jane: Ich will sie fragen. (Kommt nach ein paar Minuten mit dem Automantel wieder; die Ärmel sind zu lang, aber sie schlägt sie um.) Mammi hat nichts dagegen.

Elternteil: Bist du zufrieden mit dem Ding?

Jane: Natürlich, er ist prima.

Elternteil: Na, ich bin überzeugt, daß du darin trocken bleiben wirst. Wenn du also zufrieden mit dieser Lösung bist, bin ich es auch.

Jane: Dann bis später.

Elternteil: Bis später. Ich wünsche dir einen schönen Tag in der Schule.« (Zit. n. Gordon, Familienkonferenz, S. 212 – 213)

Manchmal lohnt es sich auch, alle Betroffenen mögliche Lösungen aufschreiben zu lassen. Danach kommen sie zusammen und beraten, welche der gefundenen Lösungen für alle annehmbar ist.

Beispiel:

Mutter fühlt sich mit der Hausarbeit überfordert. Vater und ältester Sohn schimpfen über den Dreck. Kleine Schwester und kleiner Bruder tun so, als ginge sie das nichts an.

Aufgeschriebene Lösungen:

1. Wir stellen eine Putzfrau ein und bezahlen sie vom Taschengeld.

2. Wir machen einen Arbeitsplan mit festen Aufgaben. Bei Nichterfüllung gibt es Abzug vom Taschengeld.

3. Jedem wird ein Zimmer zugeteilt. Die Kleinen machen ein Zimmer gemeinsam sauber.

4. Wir putzen jeden Sonnabend gemeinsam 3 Stunden und gehen hinterher Essen.

5. Jeder macht täglich die Arbeit, die er am liebsten mag. Die restlichen Arbeiten werden ausgelost und so oft erledigt, wie vorgegeben.

6. Es gibt kein Taschengeld mehr. Jeder, der putzt, bekommt dafür aus der Haushaltskasse Lohn nach einer Tabelle.

Bei diesem Verfahren ist zu beachten, daß der Konflikt klar benannt ist. Er darf nicht ungenau definiert sein. Außerdem ist wichtig, daß *alle* Beteiligten Lösungsvorschläge machen, die allesamt kritisch bewertet werden. Danach kann man sich auf *eine* Lösung einigen, die dann mit allen notwendigen Schritten so präzise wie möglich ausgearbeitet werden muß. Nach einer vereinbarten Zeit sollten alle wieder zusammenkommen, um zu prüfen, ob sich die Lösung bewährt hat.

Um Konflikten schon im Vorfeld aus dem Weg zu gehen, sind einige Maßnahmen sinnvoll, die die gemeinsame Planung und Eigenverantwortung unterstützen:

– Das Kind hat einen eigenen Wecker.

– Es hat genügend Regale, Behälter usw., um sinnvoll Ordnung halten zu können.

– Es hat einen eigenen Hausschlüssel und Taschengeld, von dem es nach Absprache bestimmte Dinge (Schulbedarf, Kleidung) kaufen muß.

– Beim Telefonieren in Ihrem Haushalt haben Sie bestimmte Regeln aufgestellt.

– Es gibt ein schwarzes Brett, wo Nachrichten hinterlassen werden.

– Ihr Kind hat einen Kalender oder Plan, in dem seine Pflichten aufgeschrieben sind.

– Besprechen Sie im Voraus bestimmte rechtliche Fragen, z. B.: Was ändert sich juristisch ab 14? (Vgl. Anhang) Was ist eine Haftpflichtversicherung?

– Kaufen Sie dem Kind eine Telefonkarte.

– Lassen Sie sich eine Telefonliste seiner Freunde geben, damit Sie ihn oder sie in dringenden Fällen erreichen können.

– Geben Sie rechtzeitig Bescheid, wenn z. B. außergewöhnliche Arbeiten zu erledigen oder bestimmte Lebensmittel für Gäste reserviert sind.

– Beziehen Sie Kinder mit in die Diskussion um familiäre Veränderungen oder andere Pläne ein.

– Einigen Sie sich vor Feten mit Ihren Kindern auf eine »Hausordnung«.

In manchen Familien haben sich die Konflikte schon so zugespitzt, daß die Fronten verhärtet sind. Wenn Sie bereit sind, einen neuen Stil einzuführen, nehmen Sie zwei Blatt Papier und einen Bleistift und berufen Sie eine Konferenz ein. Schreiben Sie auf das eine Blatt zunächst alle Probleme, die Sie miteinander haben. Hierbei werden sowohl Ihre, als auch die Probleme der Teenager aufgeschrieben. Teilen Sie nun das zweite, noch leere Blatt in zwei Hälften.

In die eine Spalte kommen die Probleme, für die Ihr Kind in Zukunft *allein* verantwortlich ist. So etwa: Wann es ins Bett geht, wie es sein Haar trägt, was es ißt. Über diese Probleme wird in Zukunft nicht mehr genörgelt und kritisiert. In die zweite Spalte schreiben Sie die Probleme, die gemeinsam zu lösen sind; z. B.: Beitrag zur Hausarbeit, Ausborgen von Gegenständen, Höhe des Taschengeldes.

Die meisten Heranwachsenden sind erleichtert über das Versprechen, mit bestimmten Themen keinen Ärger mehr zu bekommen. (Die erste Hälfte des Blattes, die voller sein sollte als die zweite.) Daraus ergibt sich dann meistens eine größere Bereitschaft, an der Lösung der verbleibenden gemeinsamen Probleme mitzuwirken.

55

Sollten Sie keine gemeinsamen Lösungswege finden und die Situation als »verrannt« empfinden, kann das Gespräch in einer Erziehungsberatungsstelle oder bei einer Familientherapeutin sinnvoll sein.

Eine Adressenliste finden Sie im Anhang.

Notwendige Entwicklungsschritte der Eltern

Auch Eltern müssen bestimmte Aufgaben bewältigen, wenn sie ihr weiteres Leben sinnvoll gestalten wollen.

– Auch sie müssen körperliche Veränderungen akzeptieren lernen: Die Haare werden grau oder fallen aus, es bilden sich Falten, vielleicht auch Fett. Frauen müssen Abschied von ihrer Periode nehmen und damit fertig werden, daß ihre sexuelle Attraktivität nachläßt. Gesundheitliche Beeinträchtigungen, nachlassendes Gedächtnis und vielleicht sogar die vorzeitige Entlassung aus dem Arbeitsleben müssen akzeptiert werden, ohne daß das Selbstwertgefühl darunter leidet.

– Eltern müssen sich von ihren Kindern lösen und akzeptieren, daß deren Leben, Pläne und Ziele sich von den ihren unterscheiden. Sie müssen ihre Kinder eigene Wege gehen lassen, ihre Fehlschläge und Irrtümer gelassen mit ansehen und sich von Schuldgefühlen befreien. Vor allem müssen sie sich selbst und ihrem Kind das eigene Schicksal zugestehen. Es gehört wohl zu den schwierigsten, aber absolut notwendigen Aufgaben, sich zu sagen: Ich (und niemand anders) bin für mein Leben verantwortlich.

– Eltern müssen in dieser Phase häufig den eigenen Eltern beistehen und ihnen helfen, ohne sie zu bevormunden oder in die Kinderrolle zurückzufallen.

– Die Beziehung zum Partner muß neu bestimmt werden. Er oder sie sind jetzt immer weniger Vater oder Mutter. Die veränderte Körperlichkeit und Sexualität muß akzeptiert werden, wenn die Partnerschaft bestehen bleiben soll.

– Eltern müssen sich aus herkömmlichen Rollen befreien und ein neues Selbstverständnis von sich und ihren Aufgaben entwickeln. Sie müssen sich auf ihre Stärken, Erfahrungen und Fähigkeiten besinnen, diese entdecken und ausbauen.

Wenn die Kinder aus dem Haus gehen
Vom Umgang mit sich selbst

Eltern haben oft ein klares Bild davon, wie ihre Kinder sein sollten. Alle, die es schon einmal ausprobiert haben, wissen jedoch, daß man andere Menschen und auch die eigenen Kinder nicht ändern kann. Jeder kann allerdings sich selbst ändern und *immer* ändert sich hierdurch etwas in der Beziehung zu seinen Mitmenschen und natürlich auch zu seinen Kindern.

Es ist wie bei einem Mobile: Bewegt man einen Teil, bewegt sich alles. Sind Sie der Mensch, der Sie sein wollen? Können Sie mit sich selbst in der Sprache der Annahme reden? Sind Sie Ihr bester Freund bzw. Ihre beste Freundin? Wenn Sie eine dieser Fragen mit Nein beantwortet haben, könnte es sinnvoll sein, daß Sie bei sich selbst etwas verändern.

Vielleicht haben Sie bisher die Beziehung zu Ihrem Partner/Ihrer Partnerin aufgrund der Kinder vernachlässigt und möchten sie jetzt verbessern? Vielleicht möchten Sie eine überholte Beziehung beenden? Oder eine neue beginnen? Eine unbefriedigende Beziehung oder gar keine kann dazu führen, daß man sich besonders an seinen Kindern »aufreibt«. Es besteht die Gefahr, von ihnen zu verlangen, was sie nicht geben können, nämlich die Freude und Befriedigung, die Ihnen im Leben mit dem Partner fehlt. Wenn Kinder sich auf den Weg machen, gibt es keine gemeinsamen elterlichen Aufgaben mehr, die zum Zusammenleben zwingen. Gibt es dennoch emotionale Gründe, zusammenzubleiben?

Wer mit seinem Partner oder seiner Partnerin alt werden möchte, muß bereit sein, sich auf Veränderungen einzulassen und ihn oder sie so anzunehmen, wie sie sind.

Gibt es noch genügend Gemeinsamkeiten, Träume, Visionen? Gelingt es uns, in der Sprache der Annahme miteinander zu reden, einander zuzuhören und Konflikte so zu lösen, daß es keine Verlierer gibt?

Wenn Kinder heranwachsen, werden Eltern auch mit

der Tatsache konfrontiert, daß Leben begrenzt ist. Der Gedanke an den Tod ist nützlich. Denn: »Herr, lehre uns bedenken, daß wir sterben müssen, auf daß wir klug werden.«

Was soll von Ihnen übrig bleiben, wenn Sie tot sind? Was sollen Ihre Kinder und andere Menschen von Ihnen in Erinnerung behalten?

Es kann sehr hilfreich sein, sich jeden Morgen zu fragen: Was ist heute wichtig für mich? Welchen Weg schlage ich ein? Wozu bin ich da? (Auch hier gibt es Parallelen zu den Fragen, die sich Heranwachsende stellen.)

Als älterer Mensch wird man mehr denn je mit dem Problem des Loslassens konfrontiert. Wer weitergehen will, muß Vergangenes loslassen können.

Dabei gibt es unendlich viel zu entdecken. Zum Beispiel:

– Nie warst du so wertvoll wie jetzt. Du hast in deinem Leben Erfahrungen gemacht und viel gelernt. Und du lernst jeden Tag dazu.

– Du hast es verdient, gut zu dir zu sein. Wenn ein Teil in dir widerspricht, gib diesem Teil einen Namen und führe mit ihm eine faire Verhandlung.

– Die geistige Welt steht dir offen. Du kannst dich von dem Streß mit deinem und um deinen Körper und von der Norm, schön sein zu müssen, verabschieden und dich Wesentlichem zuwenden.

– Die Quellen des Glücks liegen weder in äußerlichen Dingen noch in den Menschen, die dich umgeben, sondern allein in dir. Du kannst sie jeden Tag entdecken.

– Du bist Teil eines großen Ganzen und nicht iso-
liert. Indem du dich der Natur und ihren Zusammen-
hängen zuwendest, kannst du entdecken, daß du Teil
eines Flusses ewigen Wandels bist.

Entspannen und Loslassen

Was Streß ist, wissen Sie genau. Aber bemerken Sie ihn
überhaupt noch? Entspannung beginnt mit diesem ersten kleinen Schritt: Den Streß bemerken. Geben Sie
ihm einen Namen – ist es Herr Streß oder Frau Streß?
Wie sieht er oder sie aus? Eine spitze Nadel? Ein rotes
Tuch, eine hagere Alte? Unterhalten Sie sich einmal mit
diesem ungebetenen (?) Gast und hören Sie gut zu. Ich
vermute, er hat auch Ihnen eine Menge zu sagen, wenn
Sie ein inneres Selbstgespräch führen.

Streß ist ein Sammelbegriff für belastende Umstände. Aber ob wir Umstände als belastend empfinden, ist
eine Frage unserer Interpretation. Welche Gedanken
und Gefühle rasen Ihnen durch den Kopf, wenn Sie
sich gestreßt fühlen? Welche Stimmen reden auf Sie
ein? Was sagen die Stimmen und wie hören sie sich an?

Es lohnt sich, dieses Chaos von Wahrnehmungen
einmal in Ruhe zu sezieren und dann aufzuschreiben.
Vielleicht entdecken Sie die Stimme Ihrer Mutter?
Oder ist es irgendeine Hexe die Ihnen zuruft: »Das
schaffst du nie«?

61

Wenn unsere eigenen Kinder uns bis an unsere Grenzen bringen, ist die Selbstbeobachtung der inneren Gedanken und Bilder noch interessanter. Sehen Sie Ihre Tochter vielleicht schon im Geiste als Prostituierte oder als drogenabhängig (obwohl sie doch gesund und munter ist)? Sehen Sie Ihren Sohn schon tot, obwohl er doch gerade erst auf das Moped spart? Sagen Sie sich innerlich dauernd: Er oder sie muß aber. . .?

Dies sind Auswirkungen der Problemhypnose. Versuchen Sie statt dessen, schöne Bilder und Gedanken von Ihrem Kind entstehen zu lassen. Diese helfen nicht nur Ihnen, sondern auch dem Heranwachsenden. Wem man etwas Gutes zutraut, der hat auch eher die Chance, gut zu werden. Dies hat nichts mit Schönfärberei zu tun.

Wenn Sie Zweifel haben, ob aus Ihrem Kind etwas werden wird, dann reden Sie darüber mit Personen, die es kennen. Wenn sich Ihre Zweifel dadurch verstärken, können Sie sich Hilfe holen.

Lohnenswert wäre es aber auch, Ihre Befürchtungen offen mit Ihrem Nachwuchs zu bereden. Wenn Sie nicht in der Lage sind, dabei ruhig zu bleiben, können Sie erst einmal eine Stunde joggen gehen oder radfahren oder lesen. Das entspannt. Sie könnten auch tanzen gehen oder etwas ganz Verrücktes tun, das Sie heimlich schon lange tun wollen. Wie würde Ihr Kind reagieren, wenn Sie das Problem plötzlich ganz entspannt und locker nähmen? Wenn Sie es wissen ließen, daß Sie einiges versucht, jetzt aber beschlossen haben, sich nicht mehr darum zu kümmern? Dieses innere Loslassen eines Problems kann ungeheuer nützlich sein, besonders wenn man sich statt dessen seiner persönlichen Lösung widmet.

Notieren Sie auch alle körperlichen Symptome; z. B.: Herzrasen, Schweißausbruch, rotes Gesicht, Augenflimmern etc.

Gehen Sie dann diese Liste durch und sagen sich: Ich habe nicht wahrgenommen, daß. . .

Etwa: Daß ich mit beiden Beinen fest auf der Erde stehe oder daß ich auch ruhig und langsam atmen kann oder daß ich die Augen einen Moment schließen kann, um mich zu erinnern, was wichtig ist. . .

Ihren Atem können Sie in jeder Streßsituation als Spazierstock benutzen. Konzentrieren Sie sich einfach auf den Atem und atmen Sie ruhig in den Bauch hinein. Sie können sich dabei auch gut zureden: »Ruhig, nur ruhig, eins nach dem anderen«, oder sich an den Satz erinnern: »Meine Herren es eilt – setzen wir uns«, oder: »Tue nichts – und alles ist getan" (Lao-Tse). Sie dürfen auch ruhig Weinen oder ihr hart gewordenes Gesicht wieder lockern und sich aufmunternde Sätze sagen, indem Sie sich aufzählen, was trotz der stressigen Situation jetzt und hier vollkommen in Ordnung ist.

Später einmal können Sie rückblickend überlegen: Was hätte ich gern anders gemacht? Wie hätte ich mich in dieser Situation gern verhalten? Wie habe ich es geschafft, das gerade nicht zu tun? Was könnte ich in Zukunft tun, damit ich mich so verhalten kann?

Wenn die Streßsituation mit Ihrem Teenager zu tun hatte, wäre es gut, auch mit ihm darüber zu reden, wie

Sie sich gern verhalten hätten und warum Ihnen das nicht möglich war. Und Sie können sich auch entschuldigen, wenn Sie das für richtig halten.

Außerdem: Welche Vorteile haben solche stressigen Situationen für Sie? Könnten Sie das, wozu der Streß gut ist, auch auf andere Art bekommen?

Sehr wichtig finde ich, daß Sie sich in Ihrer Wohnung irgendwo einen Platz für Entspannung einrichten. Das kann Ihr eigenes Zimmer oder wenigstens ein bequemer Sessel u. ä. in einem anderen Raum sein. Ein Ort, an dem eine Blume steht, wo Sie durch ein Fenster nach draußen schauen oder sonst etwas Angenehmes sehen können. Ein Ort, von dem Sie ab jetzt sagen können: Hier kann ich sein, wenn die Wellen hochschlagen, dies ist mein ruhiger Ort.

Wußten Sie, daß Atem in der Philosophie des Yoga Prana = Lebenskraft bedeutet und daß Sie sich durch den Atem alle Kraft zurückholen können, die Sie brauchen?

Wenn es Ihnen gelungen ist, ruhig zu atmen, können Sie alle Aufmerksamkeit auf das richten, was in diesem Moment, hier und jetzt, schön und angenehm ist. Vielleicht werden Sie dann wieder Stimmen hören, die Ihnen einflüstern: »Nichts! Alles ist gräßlich grau! Es gibt nichts Schönes in meinem Leben!«

Wenden Sie sich diesen interessanten Suggestionen mit aller Aufmerksamkeit zu: Wer flüstert da eigentlich? Wäre es nicht interessant, das ganze Szenarium Ihrer Stimmen und Bilder einmal ans Tageslicht zu befördern? Wer sind die Personen, die in Ihrem ureigenen

Stück mitspielen? Welche Miesmacher hocken da in Ihrem Ohr? Führen Sie eine faire Verhandlung mit diesen Wesen und würdigen Sie jedes einzelne als jemand, der Ihnen etwas sagen will, wahrscheinlich sogar in wohlmeinender Absicht. Leiten Sie die Konferenz dieser Monster oder Zwerge – vermutlich sind auch Kleinkinder darunter? – und Sie werden eine Menge Neues über sich erfahren!

Ein anderer wichtiger Aspekt sind Bewegung und Sport. Wer sich bewegt, kann auch leichter loslassen und sich auch im übertragenen Sinn bewegen. Es gibt heute eine Reihe von Sportarten oder Bewegungsmöglichkeiten, die man auch mit vierzig und aufwärts noch lernen kann. Aktive Eltern haben auch nicht so viel Zeit, sich den Kopf über das Wohl und Wehe ihres Sprößlings zu zermartern, und das kann für alle sehr wohltuend sein.

Für mich ist Yoga eine optimale Bewegungs- und Entspannungsübung. Aber auch Tanzkurse, Radfahren, Schwimmen oder Reiten können helfen, das seelische Gleichgewicht wieder herzustellen.

Musik ist für alle jene, die einen Zugang dazu haben, ein wertvolles Medium, und ich kenne nicht wenige, die mit vierzig Lust bekamen, noch einmal ein Instrument zu lernen oder einem Chor beizutreten.

Loslassen ist immer mit einem gewissen Schmerz verbunden. Aber jeder Abschied macht auch den Blick frei für Neues. Wie bei einer Reise. Wenn Kinder Abschied von der Kindheit nehmen, ergeben sich auch für ihre Eltern neue Perspektiven und Möglichkeiten. Erinnern Sie sich noch an die Zeit, als Sie Nacht für Nacht wegen eines kleinen brüllenden Bündels aufstehen mußten? Sie können jetzt nicht nur länger schlafen, sondern auch neue Leidenschaften, Hobbies und Wünsche entdecken. Und wenn Sie einmal genau darüber nachdenken, kann Sie keine Macht der Welt davon abhalten, diese auch umzusetzen. In Ihrem eigenen Tempo und auf Ihre eigene Art.

Typische Konflikte

Die Sache mit der Glotze

Es gibt Jugendliche, die stundenlang vor der Glotze verbringen, und andere, die das schlichtweg öde finden. Ihnen gemeinsam ist vielleicht, daß sie Eltern haben, die ihr Verhalten kritisieren. Meine Bekannte, die mir erzählte, daß ihr Sohn bei den Autonomen sei, wäre sicherlich glücklicher, ihn vorm Fernseher zu sehen, als schon wieder zu irgendeiner Wache fahren zu müssen, um ihn abzuholen. Evas Mutter dagegen wünscht sich nichts sehnlicher, als daß sie ihre Tochter, die sich so gern Familienserien »reinzieht«, nicht vor der Kiste fände.

Ich selbst werde meist aggressiv, wenn ich meine Söhne vor der Glotze sehe, weil ich mir sage: Es gibt so viel zu tun, und sie packens nicht an!

Nun, gut oder schlecht: Die Sache mit der Glotze ist eine Sache der Regeln und der Absprache. Jede Familie muß da ihren eigenen Weg finden und der hängt natürlich auch mit der Einstellung der Eltern zu diesem Gerät zusammen. Meist schimpfen die Mütter vor sich hin, die Väter verbringen ihre Abende davor, und die Kinder haben ihr eigenes Gerät auf dem Zimmer. In diesem Fall gibt es keine nennenswerten Probleme. Von Jugendlichen, die ja hungrig auf Leben und Erfahrung sind, kann niemand kritische Sehgewohnheiten oder Distanz zum Medium erwarten; schon gar nicht wenn ihre Väter ihnen vormachen, wie man seine Freizeit vor dem Fernseher verbringt.

Andere Familien haben kleine Fernsehrituale mit bestimmten Sendungen an bestimmten Tagen und Knabberzeug. Sie sind wahrscheinlich recht zufrieden miteinander und möglicherweise tauschen sie sich sogar über das Gesehene aus. Wer möchte da eingreifen?

Wenn Sie unzufrieden mit den Sehgewohnheiten einzelner Familienmitglieder sind – dann ändern Sie etwas. Wenn es ein Familiengerät ist, sind Absprachen und Regeln nötig. Wieviele Sendungen pro Tag? Wer darf was sehen? Wie geht man mit kleinen Geschwistern um, für die die Sendungen nicht geeignet sind? Wie lassen sich Konflikte lösen, wenn jeder eine andere Sendung sehen will?

Wer diese Fragen lösen will, muß sie mit allen Beteiligten besprechen (vgl. S. 51 ff.).

Absprachen und Regeln treffen heißt, sich dem Medium nicht hilflos aussetzen und einfach alles geschehen lassen, sondern zum Nachdenken anregen und auf selbstverantwortete Entscheidungen drängen.

Videofilme und Fernsehsendungen sind für Jugendliche reizvoll. Sie bekommen dort Erlebnisse, Abenteuer, Gefahren und Nervenkitzel geboten, die sie im wirklichen Leben vermissen oder jedenfalls nicht erleben können. Sie erfahren einiges über den Umgang der Geschlechter, über das Erwachsenenleben, den Kampf, die Lust und das Vergnügen, die Leben bedeuten kann. Sie erleben dort jede Menge Klischees, die sie als solche nicht ohne weiteres enttarnen können. Und sie erleben auch jede Menge Gewalt. Dies alles gehört zum Erwachsenwerden dazu.

Wenn Fernsehen und Videos jedoch zur Hauptbeschäftigung werden, wie dies bereits bei vielen der Fall ist, müssen neben körperlichen Schäden, die allein schon durch Bewegungsmangel entstehen, auch verzerrte Realitätswahrnehmungen auftreten. Fernsehen *ist* ja nicht die Welt, aber es tut so, als würde diese realitätsgetreu abgebildet.

Werner Glogauer (Die neuen Medien verändern die Kindheit – Nutzung und Auswirkung des Fernsehens u. a. bei 6- bis 10jährigen Kindern und Jugendlichen, Weinheim 1993) weist darauf hin, daß eine menschenverachtende und destruktive Subkultur gewissenlos produziert, was Kinder und Jugendliche zweifellos beeinflußt und schädigt, zumal wenn sich ihre Eltern nicht bereitfinden, mit ihnen über die Sendungen zu reden. Sicherlich wird ein Kind nicht allein durch Fernsehen »gestört«. Aber das Schlimme ist ja gerade, daß es neben dem Fernsehen eine Umwelt gibt, die sich ebenfalls brutal und menschenverachtend zeigt: Naturzerstörung, Autobahnbau, Straßenverkehr, der Kinder täglich tötet, Betonflächen als Spielraum, steigende Kriminalität usw. Und ganz sicher ist auch, daß kein Kind verhaltensauffällig wird, weil die Eltern *keinen* Fernseher haben. Wir können unsere Kinder nicht vor allem schützen. Und wenn sie mit einem Mindestmaß an Verantwortung und Aufgaben (darunter auch Schulaufgaben) versehen sind und die familiären Regeln eingehalten werden, kann Fernsehen eigentlich nicht zum Problem werden.

Was ich jedoch immer wieder erlebe, ist, daß sich Eltern in dieser Frage völlig *hilflos* fühlen. Sie sind es *nicht*, solange der Apparat einen Knopf zum Ausschalten hat und ihr persönliches Eigentum ist. Wenn gemeinsame Regeln nicht eingehalten werden, kann man den Fernseher auch einschließen oder abschaffen.

»Dann gehn sie eben zur Freundin und gucken da«, sagen jetzt viele. Nach Erledigung der üblichen Pflichten hätte ich nichts dagegen. Wäre doch interessant festzustellen, ob die Freundin wirklich so viel fernsehen darf. Wenn ja, ließe sich ja mit deren Eltern darüber reden, vielleicht haben sie wirklich gute Argumente – oder fühlen die sich nur »hilflos«?

Viel wichtiger ist jedoch, folgendes zu bedenken: Was für alle »Laster« gilt – du wirst sie nur los, wenn du weißt, was du statt dessen tun kannst. Und das

»Statt dessen« muß natürlich genauso attraktiv sein. Teenager hören nicht gern auf die Vorschläge ihrer Eltern. Manchmal haben sie aber auch selber Ideen, was sie gern tun würden. Außerdem gibt es noch Möglichkeiten, ihnen »nebenbei« einige Informationen zukommen zu lassen, indem man Prospekte oder Programme mitbringt, von anderen Jugendlichen erzählt oder Freunde oder Eltern von Freunden bittet, einen Hinweis zu geben. Auch könnten Sie auf Elternabenden das Thema Freizeitgestaltung zur Sprache bringen und damit einen Austausch darüber anregen, welche Möglichkeiten vor Ort bestehen und für welche Sie sich kommunalpolitisch einsetzen können.

Fast alle Jugendlichen würden ein attraktives Sport- und Kulturangebot annehmen, wenn es das gäbe! Oder?

Computerspiele

Auch hier kommt es auf die Bedingungen an: Bekam Jan den Computer zum Spielen geschenkt oder ist es Papas Arbeitsgerät, das er hin und wieder benutzen darf? Außerdem gibt es gute und intelligent gemachte, ja auch witzige Spiele und solche, die menschenfeindlich sind. Und: Kinder finden Computerspiele deshalb so interessant, weil sie sich als Herrscher über ein Geschehen fühlen können, weil sie Erfolgserlebnisse haben (und dies ist besonders dann wichtig, wenn es im realen Leben wenig Erfolg gibt) und sich stark und gut fühlen können.

Computerspiele faszinieren nicht nur Kinder und Jugendliche, sondern auch Erwachsene. Es gehört schon eine Menge Selbstdisziplin dazu, sich hier freiwillig einzuschränken – und so manche Erwachsenen bringen das nicht fertig. Kindern und Jugendlichen kann es nicht gelingen, wenn sie keine klare Orientierung bekommen.

Gewerkschaften haben mit Arbeitgebern Tarifverträge ausgehandelt, die die Arbeitszeiten und -bedin-

gungen an Bildschirmen regeln. Ähnliches würde ich von Eltern erwarten und es Kindern auch entsprechend begründen. Bildschirmarbeit ist schädlich und stundenlanges Spielen auch – egal, wie gut das Spiel ist.

Gemeinsam ausgehandelte Regeln helfen, Kinder und Jugendliche einerseits an der Verantwortung zu beteiligen und ihnen andererseits durch klare Orientierung Sicherheit zu geben. Eltern sind manchmal erstaunt, wenn sie ihr Kind fragen, welche Regel es selbst für sinnvoll hielte. Ich bin immer wieder überrascht, auf welch strenge Regeln Kinder kommen. Ja, sie sehnen sich oft regelrecht nach Beschränkung und klaren Anweisungen. Dennoch: Eine faire Verhandlung entspricht dem Status des Heranwachsenden und ermöglicht es ihm, auf Argumente zu kommen und Schritt für Schritt zu eigenverantwortlichem Handeln zu finden.

Zum Schluß noch eine Bemerkung zum Inhalt diverser Computerspiele: Viele sind nicht nur schlecht, sondern auch grausam. Es lohnt sich jedoch unbedingt, mit dem Kind oder Jugendlichen ins Gespräch darüber zu kommen, was sie da spielen. Wer zuhören kann und bereit ist, in der Sprache der Annahme zu reden, wird eine Menge entdecken. Warum ist gerade dieses Spiel so interessant? Mit welchen Figuren identifiziert er/sie sich und was macht den »Spaß« aus? Moralisierende Beschwörungen, dieses oder jenes sei grausam, halte ich nicht für sinnvoll, weil sich dadurch die Lust am betreffenden Spiel in keiner Weise ändert. Deshalb kann man natürlich trotzdem die eigene Meinung und die eigenen Befürchtungen deutlich machen. Es ist eben ein großer

Unterschied, ob man sagt: »Wie kannst du nur dieses brutale Spiel spielen?«, oder: »Ich finde dieses Spiel brutal. Kannst du mir mal erklären, was dich daran reizt?«

Daß die Branche selbst erkannt hat, was Jugendliche anzieht, geht aus folgendem Text hervor: »Fühle die neue Power! Sie sind zurück und besser in Form denn je. Schneller, stärker und mit neuer Kampftechnik. Zwölf der besten Kämpfer aus aller Welt treffen zusammen, um ihre Kräfte zu messen! Wähle deinen Champion, spanne deine Muskeln und kämpfe gegen M. Bison um den Titel. Bis dahin ist es allerdings ein harter Weg und gerade wenn du glaubst, Teil der Elite zu sein, lege einen Zahn zu und schalte den Turbo ein! . . . Beweise, daß du der Beste bist und nur dir der Titel ›der größte Streetfighter aller Zeiten‹ gebührt!« (Nintendo, Streetfighter II)

Ja – wer möchte denn nicht dieser kleine Held sein? »Es ist doch eigentlich sehr ähnlich wie eine Phantasiereise«, meinte eine Freundin. Das stimmt. Es gibt aber auch entscheidende Unterschiede: Bei einer Phantasiereise macht sich der Jugendliche *eigene* Bilder – hier sind sie vorgegeben und noch dazu grafisch schlecht. Vor dem Computer sitzt er in größer Anspannung – bei einer Phantasiereise ist er völlig entspannt und wird in Kontakt mit seinen eigenen tatsächlichen Stärken gebracht. Vor dem Computer muß er »etwas leisten«, um gut zu sein, bei einer Phantasiereise ist er von vornherein gut.

Computerspielen kann zur Sucht werden. Ich kann deshalb allen Eltern nur raten, so spät wie möglich oder gar nicht so ein Teil anzuschaffen. Ist es aber vorhanden, sind moralische Zurechtweisungen zwecklos. Sie werden es kaum schaffen, wirklich attraktive Alternativen zu einem Computerspiel anzubieten, und deshalb müssen klare Regeln eingeführt werden. Eine Mutter hat z. B. folgendes Gebot aufgestellt: Wenn du nachweislich zwei Stunden draußen warst, darfst du eine Stunde spielen.

In der Großstadt wäre ein solches Gebot aber zwecklos. Mein Sohn wäre dann für zwei Stunden ins Kaufhaus gegangen. Wo finden Kinder heute das, was die Computerspiele so interessant macht? Entscheidungsfreiheit, Abenteuer, Kräftemessen, Bewährungsproben, Geschicklichkeitstest? Beim Sport, in Jugendgruppen, bei erlebnispädagogischen Reisen und Freizeitangeboten, in selbstverwalteten Jugendprojekten? Vielleicht bei den »Falken« oder den Pfadfindern? Oder in einer schulischen Arbeitsgemeinschaft?

Ich weiß nicht, welche Möglichkeiten in Ihrer Nähe existieren. Ganz allgemein sieht das Angebot für Jugendliche sehr schlecht aus. Ich weiß allerdings von meinen eigenen Kindern und deren Freunden, daß sie auch keine Lust hätten, von Erwachsenen geleitete Angebote mitzumachen. Mit Ausnahme von Sport.

Das einsame Kind vor dem Bildschirm ist ganz sicher ein Merkmal unserer Zeit. Auf der anderen Seite haben wir die »Randale-Kids«, die sich in Gruppen ausagieren. Beide Extreme werden von Erwachsenen in der Regel nicht gewünscht. Nur: Wer hieran etwas ändern will, muß sich für den Ausbau außerschulischer und schulischer Angebote einsetzen, muß mehr Geld für Jugendzentren oder überhaupt deren Einrichtung fordern und sinnvolle kommunale Freizeitangebote, z. B. auch in Verbindung mit Ökologie- oder Dritte-Welt-Projekten, unterstützen. Von selbst bewegt sich nichts!

Hinweis: Die Aktion Jugendschutz hat eine interessante Broschüre herausgegeben, die den Titel trägt:

Computerspiele – Spielspaß ohne Risiko. Hinweise und Empfehlungen.

Sie ist erhältlich bei:

AJS

Landesarbeitsstelle NRW e.V.

Hohenzollernring 85 – 86

50672 Köln.

Sie enthält Hinweise zum Kauf von Computern und zum Umgang mit jugendlichen Computerfans sowie viele empfehlenswerte Spiele.

Null bock auf Schule?

»Man kann das Pferd zur Tränke führen. Trinken muß es selbst.« Dies gilt wohl auch für die Schule. Man kann seinem Kind anbieten, es in schulischen Situationen zu unterstützen, ihm helfen und Wissen an es herantragen – lernen muß es selbst.

Daß Schule nicht immer Spaß macht, ist leider normal. Gerade an den weiterführenden Schulen herrscht manchmal ein unmenschlicher Ton, gepaart mit überholten Unterrichtsmethoden und lächerlichen Disziplinierungsversuchen. Auch fehlt es in diesen Jahrgangsstufen meistens an Eltern, die bereit sind, sich zu engagieren, die Mißstände anzusprechen und Alternativen zu entwickeln.

Wenn Jugendliche null bock auf Schule haben, liegt das mit Sicherheit auch an den Lehrern. Das zeigen die vielen Ausnahmen, die es allerorten gibt. So ist z. B. Berlins beliebteste Gesamtschule (und Schule überhaupt) gerade eine für Zwölf- bis Achtzehnjährige. »Wir haben hier nicht Lehrer, sondern Freunde«, lautet deren unglaublicher Kommentar. Menschen zu haben, die man als Freunde bezeichnen kann, die zuhören und denen man Vertrauen schenken kann, ist wohl eines der wichtigsten Anliegen in dieser Altersstufe. Und immerhin verbringen die Heranwachsenden einen großen Teil ihres Lebens in der Schule. Es lohnt sich daher in jedem Fall, sich nach anderen, besseren Schulen umzusehen, wenn ihr Teenie die Lust am Lernen verloren hat.

Im übrigen besteht Schulpflicht, und Eltern bestimmen, welche Schule ihr Kind besucht. Das heißt: Wir müssen uns darum kümmern, daß unser Kind zur Schule geht und auch seine Pflichten erfüllt. Treten nun Konflikte auf, so müssen sich alle Beteiligten – Lehrer, Eltern und Jugendliche – zusammensetzen. Auf keinen Fall sollten sich die Eltern dabei selbst verkleinern und in die Rolle der Schülerin oder des Schülers schlüpfen, der oder die man einmal war. Etwaigen Vorwürfen von Lehrern muß man nicht unterwürfig lauschen!

Genauso wenig ist es freilich sinnvoll, »den Lehrern« und »der Schule« die Schuld an allem zu geben. Verallgemeinerungen und Anklagen sollten unbedingt vermieden werden! Bei einem Gespräch sollten Sie solange, bis Sie mit Gewißheit die gegenteilige Erfahrung gemacht haben, davon ausgehen, daß hier Menschen zusammenkommen, die sich bemühen, ein Problem zu lösen. Hierzu gehören alle drei Parteien, also auch der Jugendliche. Er muß die Möglichkeit haben, für sich selbst zu sprechen, denn schließlich ist er es, der die Verantwortung für seinen »Zuständigkeitsbereich« trägt: Hausaufgaben, Schulmaterial und dessen Pflege, Pünktlichkeit, Mitarbeit und Verhalten im Unterricht.

Wenn Jugendliche sich auf allen diesen Gebieten verweigern, haben sie mit großer Wahrscheinlichkeit schwerwiegende Probleme. Die Verweigerung ist dann ein Alarmsignal, ein Ruf nach Hilfe und Veränderung. Eltern sollten es ernst nehmen und anstelle von Verboten und Strafen lieber gemeinsam beraten, was zu tun ist. Wenn das nichts nützt, würde ich eine Erziehungsberatungsstelle oder eine Familientherapeutin aufsuchen – denn auch schwerwiegende Probleme dieser Art sind oft leichter lösbar, als viele annehmen, und dies meistens sogar recht schnell.

Nun zu einigen Einzelproblemen, die mit Schule zu tun haben.

Die leidigen Hausaufgaben

Sie sind eine Angelegenheit zwischen Schule und SchülerIn. Es sind keine Elternaufgaben und Sie sollten sich wirklich nur »einmischen«, wenn Sie von Ihrem Kind oder von dessen LehrerIn dazu aufgefordert werden.

Wenn Ihr Kind keine Hausaufgaben macht, wäre es wichtig zu erfahren, welche Gründe es hierfür nennt. Einer davon könnte Überforderung sein.

In diesem Fall wäre mit LehrerIn und Kind zu klären, ob es für den Schultyp geeignet ist, ob es eine Klasse wiederholen sollte oder gezielt Lücken aufzuarbeiten hat, die durch ein gezieltes Übungsprogramm auch zu schließen wären. Auch hat es wenig Zweck, einen Jugendlichen etwa »durchs Gymnasium zu schleifen« wenn er selber keine Motivation hat und seine Lehrer davon abraten. Ein Schulwechsel wäre dann unbedingt vorzuziehen.

Der Übergang auf eine Ganztagsschule ist auch für berufstätige Eltern mit wenig Zeit eine Möglichkeit, dem Dauerstreß mit Hausaufgaben aus dem Weg zu gehen.

Fehlende Motivation – kein Interesse

Dies kann sowohl an gleichgültigem Lehrerverhalten (»ob du hier bist oder nicht, ist mir egal!«) als auch an der Gleichgültigkeit des Schülers liegen. Eine solche »Null-Bock-Haltung« kommt aber nicht von ungefähr.

Es kann sein, daß ein kleiner Prinz noch nie irgendeine Pflicht erledigt hat und ihm zu Hause Dienstboten in Elternform zur Verfügung stehen. Für mich wäre klar, daß ein Jugendlicher, der seine Pflichten nicht erledigt, auch nicht mit elterlichen Service-Leistungen wie Wäschewaschen, Fahrdienste, Taschengeld u. ä. rechnen kann. Genauso klar wäre aber auch, dies sachlich vorzutragen und nicht ständig nur zu nörgeln.

Bewirkt diese Maßnahme nichts, dann ist dem Kind vielleicht wirklich »alles« egal. Wenn keine Selbstmordgefahr besteht, könnte man versuchen, »nichts« zu tun. Das Kind könnte dann die Konsequenzen direkt spüren und der sinnlose Machtkampf mit den Eltern wäre überflüssig geworden.

Schule schwänzen

Schulpflicht besteht je nach Bundesland bis zur 9. oder 10. Klasse. Eltern müssen – unter Androhung von Geldstrafen – für den Schulbesuch ihrer Kinder sorgen.

Was steckt aber hinter dem Schuleschwänzen?

Von einem netten »Gag« bis zu tiefer Depression kann Schuleschwänzen ganz verschiedene Ursachen haben und deshalb ist ein Gespräch mit allen Beteiligten unbedingt erforderlich. Wenn dies nicht den gewünschten Erfolg bringt, sollten Eltern ohne Zögern eine Beratungsstelle aufsuchen, denn es kann ein Zeichen extremer Verzweiflung sein. Aufmerksamkeit verlangt es aber in jedem Fall, selbst wenn es eine ganz bewußte Entscheidung ist. Ich würde daher zu einer familientherapeutischen Beratung gehen; in der Regel werden dabei gute Erfolge erzielt.

Wenn ein Jugendlicher nicht mehr schulpflichtig ist und partout nicht mehr zur Schule gehen will, kann man ihn kaum zwingen. Vielleicht können Sie jedoch mit der Schulleitung eine Wiederaufnahme für den Fall vereinbaren, daß Ihr Sohn oder Ihre Tochter zu einer anderen Meinung kommen. Ein vorgezogenes Praktikum oder eine angefangene Lehre lassen in so Manchem die Sehnsucht nach der Schule wieder aufkeimen.

Ich erinnere mich aber auch an die Tochter einer Kollegin, die unbedingt eine Lehre in einem Modegeschäft machen wollte und nicht zu überzeugen war, das Abitur zu machen. Sie fing mit sechzehn an zu arbeiten und erschien jeden Morgen mit Pumps und Nylons – beides trug ihre Mutter nie. Das Kind blieb bei der Lehre – was hätte ein Verbot hier schon genützt? Außerdem: Umwege vergrößern die Ortskenntnis.

Daß man trotzdem eine harte Diskussion mit allen Fakten führen muß, die die Vorteile höherer Schulbildung benennen, ist etwas anderes. Zwingend wirksam sind diese Argumente nicht.

Verhaltensauffälligkeit

Manche Jugendliche tragen ihre Rebellion offen in der Schule aus. Und manche von ihnen verstehe ich sehr gut.

Schule stellt sich manchmal als verknöchertes, wenig menschliches System dar, und Jugendliche spüren, daß sie Sand im Getriebe sein können. Letztendlich ist genau dies auch ihre Aufgabe. »Die, die den größten Lärm und Ärger machen, entwickeln sich oft zu viel interessanteren Persönlichkeiten. Mädchen, die genau wie ihre Mutter sein wollen, und Jungen, die einfach in Vaters Fußstapfen treten, sind vielleicht angenehm, aber langweilig. Die werden am Gang der Welt nicht viel ändern.« Dies sagt die amerikanische Psychoanalytikerin Louise Kaplan in einem Interview (Brigitte, Dossier Pubertät, 12/1992, S. 117). Sie hat ganz sicher recht.

Zu bedenken ist auch, daß manche Jugendliche die verdrängten und unterdrückten Wünsche ihrer Eltern ausleben. Angepaßte Eltern bringen manchmal kleine Revolutionäre hervor. Oft führen Jugendliche aus, was ihre Eltern, oder genauer: ein Elternteil, sich heimlich wünschen.

Mit ihrem Einfluß tragen Eltern auch dazu bei, ob Jugendliche radikale oder aber extreme Verhaltens- und Sichtweisen zeigen. Eine offene, faire Diskussion auf der Basis gegenseitiger Achtung ist *eine* Voraussetzung dafür, auf Dauer zu verhindern, daß Jugendliche sich extremen Gruppen und Sekten zuwenden. Vorübergehend und in einem politischen Klima der Intoleranz und Fremdenfeindlichkeit kann es in jeder Familie zu Auseinandersetzungen um dieses Thema kommen.

In der Pubertät geht es um Loslösung – den Jugendlichen bleibt also gar nichts anderes übrig, als zumin-

dest in Teilbereichen zu rebellieren und zu widersprechen.

Wenn Sie das Gefühl haben, mit Ihrem Kind in einer
Sackgasse zu stecken, sollten Sie sich aus dieser heraus-
helfen lassen. Es geht dabei nicht um langwierige The-
rapien, sondern um neue Sichtweisen, um Hinweise auf
etwas, das Sie bisher übersehen haben, und um das
Aufzeigen neuer, sinnvoller Verhaltensmuster.

Im übrigen können sich Eltern verhaltensauffälliger
Schüler glücklich preisen, daß ihre Kinder so offene,
gezielt zu bearbeitende Signale geben. Die Ergebnisse
der folgenden Beratungsgespräche sind in der Regel
auch für die Eltern hilfreich und perspektivreich. Die
Zunahme psychosomatischer und seelischer Beschwerden bei Heranwachsenden, wie sie Klaus Hurrelmann
1987 konstatiert (Hurrelmann in: Mreschar), ist die
nach innen gerichtete und verdeckte Seite dieser Rebellion. Wir haben uns angewöhnt, regelmäßige Kopf-
schmerzen normal zu finden, wundern uns aber, wenn
sich jemand die Haare schert und in zerfetzten Klamot-
ten herumläuft – oder?

Gesellschaftlich ist Krankheit der eher geduldete
Weg der Rebellion. Und genau das ist das Problem.

Nachdrücklich möchte ich hier auch daran erinnern,
daß sie als Eltern bei aller Kritik an *konkreten* Verhaltensweisen nie ihr Kind an sich kritisieren sollten. Deshalb müssen wir auch unsere Wortwahl immer wieder
sorgfältig und selbstkritisch überprüfen. Der Ausruf:
»Du bist eine dumme Göre«, wird die Beziehung nicht
gerade verbessern. »Ich mache mir Sorgen um dich,

weil ich fürchte, daß du die Folgen nicht richtig abschätzt«, läßt immerhin die Tür offen.

Kleidung

Was jemand am Körper trägt, sollte dessen eigene Angelegenheit sein. Warum soll diese Selbstverständlichkeit nicht auch für Jugendliche gelten?

In der Pubertät kommt der Bekleidung eine besondere Bedeutung zu. Sie drückt die Zugehörigkeit zu einer bestimmten Gruppe aus und hilft, sich abzugrenzen. Kleidung macht ohne Worte deutlich: Ich bin der und der oder die und die. Daß sich dabei eine ganze Industriebranche auf die Jugend wirft, ist nicht deren Schuld. Man kann und soll mit seinen Kindern darüber diskutieren – verbieten kann man es nicht, wenn sie auf diese oder jene Bekleidung Wert legen. Das eigene Äußere gehört zu einem sehr intimen Bereich der Persönlichkeit. Niemand läßt sich hier gern kritisieren. Bei Jugendlichen kommt hinzu, daß sie sich über ihr Äußeres ausprobieren müssen. Wie komme ich an? Wie wirke ich? Wie reagieren andere und wie fühle ich mich dabei?

Entsprechend ändern sich die Garderobenwünsche auch häufiger – da kommt den Kids der Wachstumsschub oft entgegen. Ein Vater erzählte mir kürzlich: »Erst alles Wolle, dänisch, öko. Und dann genau das Gegenteil! Ich muß mit ihr in die teuersten Geschäfte der Stadt!«

Ja – soll man denn alles kaufen? Sie müssen selbst wissen, ob Sie das Geld haben oder nicht. Wenn nicht, begreift Ihr Kind auch, daß eine Hose der Firma X nicht drin ist. Möglich ist aber auch, daß es zu dem Preis, den eine normale Hose kostet, noch Taschengeld und Erspartes dazulegt. Wenn Sie aber selbst beim Hosenkauf nicht auf den Preis achten, werden Sie Ihrem Kind kaum erklären können, warum es sich anders verhalten soll.

Die billigere Variante ist allemal der Lumpenlook. Er demonstriert die Absage an die Konsumgesellschaft und eigentlich können sich Eltern nichts Besseres wünschen. Wenn nur das Getuschel der Nachbarn nicht wäre! Ziehen Sie lieber Ihren Hut vor dieser Art Selbständigkeit und Mut, die Ihr Kind da zeigt. Sie können ihm ja auch sagen, daß Sie dieses Outfit zur Silberhochzeit der Tante unpassend finden. Und wenn es dies oder jenes trotzdem anzieht, ist das seine Entscheidung. Seien Sie neugierig, wie die Verwandten reagieren – und wahrscheinlich will Ihr Sprößling ja auch gar nicht mit.

Ich erinnere mich sehr gut an eine Begegnung mit dem Lyriker Volker von Törne. Er besuchte uns in den 70er Jahren mit seiner ungefähr vierzehnjährigen Tochter, nachdem wir in eine neue Wohnung in seiner Nähe eingezogen waren. Seine Tochter trug ein für die damalige Zeit noch extrem auffälliges Outfit: Blaugefärbte, senkrecht nach oben stehende Haare und hautenge, von oben bis unten mit Zeichen, Symbolen und Sprüchen beschriftete Jeans. Ihr Vater behandelte sie mit so viel Achtung und Würde, als wäre sie eine kluge, erwachsene Frau. Ich war damals sehr beeindruckt – und wäre es heute wieder. Dieser Vater hat Stolz und Akzeptanz ausgestrahlt – ich weiß nicht, wieviele Jugendliche das so erfahren können.

Ein weiteres Thema für Eltern von Mädchen ist »unkeusche« Kleidung. Ich erinnere mich, wie mir ein Vater von einem ziemlich verkorksten Urlaub in Griechenland berichtete. Seine Tochter und deren Freundin hatten sich des öfteren halbnackt und in entsprechenden Positionen auf dem Balkon gezeigt und damit die Aufmerksamkeit der griechischen Männerwelt erregt. War der Urlaub vielleicht auch deshalb verdorben, weil eigene sexuelle Erfahrung und Phantasie angesprochen wurden? Waren Neid und Eifersucht mit im Spiel?

Gerade deshalb wäre ein Gespräch wichtig, das eigene Gefühle nicht verschweigt, aber auch nicht anklagt: »Lena – du hast einen bildschönen Körper und präsentierst ihn ungeniert. Ich kann nicht anders, als dich attraktiv zu finden, und das wird anderen Männern genauso gehen. Willst du wirklich alle anziehen? Ich fürchte, daß dich einige belästigen werden wie Fliegen. Andere werden sich Gedanken machen. Ich fürchte, du überblickst die Folgen nicht. Wenn du an den Falschen gerätst, kann es leicht zu einer Vergewaltigung kommen. Hast du dir schon einmal überlegt, wie du dich in so einer Situation verhältst?«

Zu einem solchen Gespräch gehören Mut und Selbstreflexion. Lospolternde Väter und Mütter verstricken sich leicht in ihren eigenen heftigen und auch erotischen Gefühlen. Vielleicht unterdrücken sie diese so stark, daß sie vor der Tochter explodieren. Auch in solchen Extremfällen kann eine familientherapeutische Beratung sinnvoll sein.

Probleme mit dem Essen

Ernährungsprobleme treten in der Pubertät immer häufiger auf. Wenn man bedenkt, daß manche Ernährungstheoretiker behaupten, wir würden uns »zu Tode fressen«, kann das kein Wunder sein. Allein in Schleswig-Holstein leiden 15 000 Mädchen an Magersucht (Anorexie). Mindestens genauso hoch ist die Zahl der Jugendlichen mit Übergewicht. In einer Zeit, in der es Kinder »vorn und hinten reingestopft« bekommen, liegt das nahe. Kaum einer ißt noch aus Hunger. Es ist nur noch Appetit, und zu jeder Jahreszeit ist alles und jedes zu kaufen.

Gleichzeitig ist die Nahrungsaufnahme ein Machtmittel, das schon Kleinkindern zur Verfügung steht – und es wirkt um so mehr, je größer die Sorgen der Eltern sind. Magersüchtige Mädchen kommen zu einem großen Teil aus gutbehüteten Familien, in denen alle lieb miteinander sind und sich jeder um untadeliges Verhalten bemüht. Diese Mädchen glauben oft, etwas Besonderes leisten zu müssen und fühlen sich gleichzeitig zu einem selbständigen und selbstverantwortlichen Leben unfähig. Hungern erweist sich als wirkungsvolles Mittel, nicht erwachsen werden zu müssen, sich den körperlichen Veränderungen zu widersetzen und schutzbedürftig und kindlich zu bleiben. Tatsächlich setzt die Regel nicht ein oder wieder aus! Im übrigen kann Hungern geschärfte Sinneswahrnehmung, euphorische Gefühle und rauschähnliche Zustände hervorrufen. Das wissen alle, die schon einmal längere Zeit gefastet haben.

Magersüchtige Mädchen haben oft nicht gelernt, ihre eigenen Wünsche und Gefühle als von den Eltern getrennt und unterschieden wahrzunehmen. Sie leben in einer engen Beziehung zu ihren Eltern, die einerseits viel verlangen, andererseits sehr viel Aufmerksamkeit und Liebe geben. Immer ist das Symptom sinnvoll im Familienzusammenhang und stellt einen Lösungsversuch dar. Eine Familientherapie ermöglicht allen, bessere, d. h. nützlichere Lösungswege zu finden und neue Verhaltensmuster zu entwickeln.

Zu dicke Jugendliche haben meist mangelnde Zuwendung, Verantwortung und Verläßlichkeit erlebt. Was sie an Liebe nicht bekommen können, versuchen sie über das Essen in sich hineinzustopfen. Sie sind auf der Suche und finden im Essen die Lösung, etwas zu bekommen, was ihnen fehlt. Dabei spielt eine geringe Rolle, ob die Eltern zum Essen ermuntern oder das Gegenteil tun. Natürlich geben diese Jugendlichen heimlich ihr ganzes Geld für Süßigkeiten, Cola, Pommes und Hähnchen aus.

Als erste Maßnahme sollten Eltern alle Dickmacher systematisch aus ihrem Haushalt verbannen, ohne dem Kind mit Ermahnungen oder Strafen zu drohen. Vollwerternährung ist für Eltern und Kinder gleichermaßen gut und verringert außerdem die Gier nach Süßem.

Noch wichtiger ist es, die volle Aufmerksamkeit zu schenken und sie mit der Frage zu verbinden: Was braucht mein Kind, damit es nicht essen muß, weil es

MEINEM GEWICHT NACH ZU URTEILEN, MÜSSTE ICH ZWEIMETER UND DREISSIG GROSS SEIN!
NP

etwas Besseres zu tun hat? Das Essen kann nur dann an Bedeutung verlieren, wenn es Alternativen gibt. Die Botschaft: »So, wie du bist, mag ich dich. Du bist einzigartig, wertvoll und liebenswert", muß überzeugend wirken und ankommen.

Wenn Sie Schwierigkeiten haben, dies auszudrücken, können Sie sich in einer familientherapeutischen Beratung zu neuen Ideen inspirieren lassen.

Dicke Jugendliche sind meist älteste oder mittlere Kinder. Ein Hervorheben ihrer besonderen Rolle in der Familie – z. B. durch Einladung zu einem sehr feinen Essen ganz allein mit den Eltern, ein besonderes Geschenk (das kein Geld kosten muß und auch symbolischen Wert haben kann!), das Angebot eines Sports, in dem Dicksein nicht schadet (z. B. Schwimmen, Radfahren, Gewichtheben, Kugelstoßen u. ä.) und alles dessen, was dem Selbstbewußtsein zu wachsen hilft – wird Manna für die Seele solcher Kinder sein.

Die Zubereitung von Menüs, bei denen es auf Qualität und nicht auf Masse ankommt, kann gemeinsames Familienhobby werden. Und ein Kühlschrank läßt sich auch mit frischem Obst und Gemüse füllen!

Doch auch hier erlaubt es erst die Botschaft: »Ich akzeptiere und liebe dich, so wie du bist, bedingungslos«, die Aufmerksamkeit vom Habenwollen auf das Sein zu lenken.

Klauen

Die meisten Menschen lassen irgendwann im Leben einmal »etwas mitgehen«. Wenn ein Kind regelmäßig oder öfter klaut, ist das immer ein Signal, das beachtet werden muß – möglichst *bevor* die Polizei auftaucht.

Es gibt Jugendliche, die aus Langeweile klauen; andere, weil sie das Gefühl haben, etwas ganz dringend zu brauchen. Viele lassen sich durch Freunde und Gruppen anstiften (dennoch ist jeder für seine Handlungen verantwortlich und ab vierzehn strafmündig; er oder sie können angezeigt und auch bestraft werden), und oft ist das Klauen auch ein Hilferuf. Irgendetwas stimmt nicht, fehlt, wird gesucht, und Klauen ist ein Lösungsversuch eines Problems.

Weil Eltern verständlicherweise sehr zornig und beschämt auf die Tatsache des Klauens reagieren und dadurch häufig ein Kreislauf des Unverständnisses und Hasses in Gang gesetzt wird, ist eine Familientherapie oft nützlich.

Vielleicht hilft es aber auch schon, eine Konferenz mit allen Betroffenen einzuberufen.

Auch in diesem Fall ist eine Unterscheidung zwischen dem Jugendlichen als prinzipiell wertvollem Menschen und seinem Verhalten zu treffen. Unbedingt muß er an der Schadenswiedergutmachung beteiligt werden bzw. die entsprechende Summe aufbringen, denn niemand kann ihm die Verantwortung für sein Handeln abnehmen.

Kids, die Autos knacken und »Brüche« machen, haben immer schwerwiegende seelische Probleme. Das heißt nicht, daß sie deshalb nicht verantwortlich sind. Und es heißt schon gar nicht, daß diese Jugendlichen nicht etwas Besseres verdient hätten als Strafen und schließlich Knast. Wer wissen möchte, unter welchen Bedingungen Diebstahl begünstigt wird, muß sich nur eine Großstadt wie Berlin anschauen. Dort wird täglich und überall eingebrochen und geklaut. In meinem Dorf kommt niemand auf den Gedanken, ein Fahrrad abzuschließen. Geklaut wird nichts.

Worin besteht der Unterschied? In meinem Dorf kennt jeder jeden. Es gibt Werte und Normen, die unbedingt eingehalten werden. Die Familien leben zusammen, oft schon seit vielen hundert Jahren am gleichen Ort! Gegenseitige Hilfe und Austausch von Erfahrungen und Neuigkeiten gehören zur Alltäglichkeit. Obwohl alle ständig zu arbeiten scheinen, haben alle auch immer Zeit. Das ist ein merkwürdiges Phänomen. Alle Jugendlichen helfen ihren Eltern: In der Landwirtschaft, beim Bau oder Ausbau, bei Reparaturen aller Art und auch bei anderen Arbeiten wie Zeitungsaustragen u. ä. Schon Kinder können Trecker fahren. Jeder hat das Gefühl, gebraucht zu werden.

Dabei ist das Leben hier keineswegs heil. Es gibt sehr viele Probleme – z. B. Armut und Arbeitslosigkeit. Geld hat hier keiner. Es sind immer die Berliner, die sich teure Häuser kaufen. Oder Hamburger. Was die Menschen hier aber haben, sind ein Zusammengehörigkeitsgefühl und eine Aufgabe, die mit dem eigenen, meist geerbten Haus, dem Garten und dem Drumherum zusammenhängt. Klauen ist überflüssig und es ist mies, denn den Kaufmann kennt ja jeder gut – und er ist nett! Und reich ist der auch nicht.

In Großstädten oder Städten überhaupt ist das Leben anders. Es verführt einfach zum Klauen – und zwar Erwachsene! Erwachsene leben Kindern auch vor, wie wertlos Dinge sind und daß eigentlich sehr viel »egal« ist. Wo sich Massen in die U-Bahn drängen, bietet sich Schwarzfahren geradezu an. Es reizt.

Bevor Eltern ihren Kids Moralpredigten über Ehrlichkeit halten, sollten sie prüfen, wie ehrlich sie selber sind. Und wenn sie wirklich ehrliche Menschen sind und ihren Kindern dies vorleben, dann sollten sie mit ihnen auch ganz klar absprechen, was geschieht, wenn sie bei Unehrlichkeit erwischt werden. Z. B. kostet Schwarzfahren so um die sechzig Mark, die im Fall der Fälle eben vom Taschengeld bezahlt werden müßten. Wenn Eltern es mit der Ehrlichkeit selbst nicht so genau nehmen, müssen sie sich nicht wundern, wenn diese Haltung abfärbt.

Dennoch: Es gibt eine Menge ehrlicher Eltern, die klauende Kinder haben. Aber: Eltern, die den Gesprächsfaden zu ihrem Kind nicht abreißen lassen, können dieses Problem lösen.

Erste Liebe und Sexualität

Manche Eltern warten sehnsüchtig darauf, andere reagieren eifersüchtig. Eines Tages ist es so weit, und besondere Behutsamkeit im Umgang mit Verliebten sollte Ihnen wichtig sein. Das ist ja so ähnlich wie eine Krankheit und hat auch etwas mit »Wahnsinn« zu tun. Die erste Liebe ist vielleicht besonders schön, aber auch besonders schwierig. Zuvor ist der Druck vielleicht groß: Wann klappt es endlich? Da ist auch die ungeheure Angst, abgelehnt zu werden oder etwas falsch zu machen. Es gibt Jugendliche, die sich gern über ihren »Schwarm« unterhalten, und andere, die das gar nicht tun. Bitte geben Sie ungefragt keine Ratschläge!

Wenn Ihr Kind über genügend Selbstbewußtsein verfügt und ein Maß an Eigenverantwortung zeigt, müssen Eltern sich keine Sorgen machen (sie tun es aber trotzdem gern!). Ein solcher Teenager wird sich weder einen ausbeuterischen Partner suchen, noch etwas tun, was er später bereut.

Paßt Ihnen Freundin oder Freund dennoch nicht, sollten Sie Ihrem Sohn oder Ihrer Tochter auch die Gründe nennen und Ihre Ängste offen aussprechen. Dabei sollten Sie aber herabsetzende Anklagen genauso vermeiden wie entwürdigende Bemerkungen. Hierdurch schmieden Sie die beiden nur fester zusammen. Sagen Sie z. B.: »Ich mache mir Gedanken, weil Jan sechs Jahre älter ist als du. Er hat schon sexuelle Erfahrungen, und ich fürchte, er könnte von dir etwas fordern, was du noch gar nicht willst.«

Oder: »Ich habe das Gefühl, daß Lisa dich ausnutzt. Es kommt mir so vor, als wolle sie nur Französisch mit dir üben und als verletze sie dich dabei.«

Versetzen Sie sich bitte auch öfter einmal in die Lage, jemand anderes würde Ihren Partner oder Ihre Partnerin kritisieren. Sie würden sich gegen die Einmischung wenden und gekränkt sein, nicht wahr? Außerdem können wir unsere Kinder nicht vor üblen Erfahrungen schützen. Natürlich können wir ihnen bis zu einem bestimmten Alter Dinge verbieten – ein Schutz ist das jedoch nicht.

Wir können lediglich unsere Meinung sagen, wenn wir gefragt werden oder es für dringend notwendig halten. Vor allem können wir unsere Kinder immer wieder in ihrem Selbstwertgefühl unterstützen – übrigens auch der beste Schutz gegen Verbrechen: Wer sich selber mag und achtet, greift andere nicht an und wird selbst auch selten angegriffen.

Wenn eine Beziehung zu Ende geht, können Sie Schadenfreude vermeiden, aber Liebeskummer nicht ersparen. Diese wichtige Erfahrung muß jede(r) für sich allein durchstehen. Gemein wäre es, mit Bemerkungen wie: »Das habe ich dir ja gleich gesagt«, oder: »Hättest du nur auf mich gehört«, in Wunden zu rühren.

Ich kenne übrigens viele Erwachsene, die sich noch heute deutlich an die verletzenden Bemerkungen ihrer Eltern erinnern. Es ist aber nie zu spät, sich zu entschuldigen und auch zu verzeihen.

PUBERTÄTS-AKNE

Alle haben einen Freund – nur ich nicht

Genauso schlimm oder schlimmer noch als Liebeskummer kann das Gefühl sein, am Rande zu stehen, nicht gemocht zu werden und Außenseiter zu sein.

Manche Jugendliche werden von Selbstzweifeln gequält: Bin ich zu häßlich? Zu dick? Zu dumm?

In diesem Alter keine Freunde zu haben, ist sehr schlimm. Eine gleichaltrige Freundin oder ein Freund genügen ja schon, um über die ärgsten Klippen hinwegzukommen. Deshalb ist es auch wichtig, sein Kind durch Frisur und andere Bekleidungsvorschriften nicht völlig ins Abseits zu drängen. Ermutigen können Sie Ihr Kind vor allem durch Unterstützung seines Selbstbewußtseins: Was kann es gut? Worin liegen seine Stärken? Was sind seine guten Eigenschaften?

Daß Teilnahme an Gruppen aller Art hier Abhilfe schaffen kann, versteht sich von selbst. Sport, Musik, eine Brettspiel-AG oder was auch immer bietet die Möglichkeit, Kontakt zu knüpfen.

Dem Tanzen kommt eine besondere Rolle zu und nicht von ungefähr bieten Tanzschulen jetzt ihre Dienste an: Beim Tanzen können Menschen die Körperschwere teilweise aufheben, sich vollkommen und harmonisch fühlen. Sie schwingen sich sozusagen ein auf Bewegung und können hierbei außergewöhnlich schöne Erlebnisse haben. Die laute Musik, die stampfenden Rhythmen verschiedener Tanzmusiken erinnern an Ritualtänze anderer Kulturen. Hiermit versetzten sich Menschen schon immer in andere Bewußtseinszustände und können neue Erfahrungen machen – ohne Drogen nehmen zu müssen. Tanzen ist daher eine ganz ausgezeichnete Sport- und vielleicht sogar Therapieart.

Reisen mit Jugendgruppen oder Jugendtreffs können ebenfalls aus der Vereinsamung herausführen. Nur: Elterliche Vorschläge oder gar Befehle verhindern leicht die Teilnahme. Die Information sollte besser aus einer neutralen Quelle stammen und eher skeptisch einfließen als euphorisch vorgetragen werden.

Betonen möchte ich auch, daß Non-Konformität und Außenseitertum nicht automatisch negativ sind. Jugendliche können aus ihrem Anderssein und ihrem Neinsagen-Können auch viel Selbstbewußtsein ziehen und das Gefühl entwickeln, etwas Besonderes zu sein. Sie sind es ja auch wirklich. Was zählt, ist allein die Frage, wie sie sich dabei fühlen. Ich selber war – allerdings gemeinsam mit meiner sehr guten Freundin Pieke – auch eine solche Außenseiterin. Anstatt für Lippenstift interessierten wir uns für die Judenverfolgung. Mit diesem Gefühl, gegen den Strom zu schwimmen, Dinge aufzudecken, die unsere Eltern verschwiegen, und aktiv für Aufklärung und Lernen einzutreten, ging es uns sehr gut. Wir waren ja zu zweit – und lernten dann in diesem Prozeß auch wieder sehr interessante Menschen kennen.

Ins Bett – mit wem? Ab wann?

Natürlich läßt sich diese Frage unmöglich allgemein beantworten. Selbstbestimmung und Eigenverantwortung sind für mich jedoch Erziehungsprinzipien, die auch im Hinblick auf Sexualität gelten. Wenn zwei verliebte Jugendliche irgendwann den Wunsch bekommen, miteinander zu schlafen, werden sie das auch tun. Das wissen wir nicht nur aus der Weltliteratur, sondern auch aus unserer eigenen Jugend. Das Zimmer eines Teenies sollte daher als dessen eigenes Reich unbedingt respektiert werden. Niemand darf dort ungefragt eindringen.

Übrigens wird auch der Vorwurf der Kuppelei gegen Eltern schon lange nicht mehr erhoben, wenn sie den minderjährigen Freund oder die Freundin bei sich übernachten lassen.

Was die Jugendlichen miteinander treiben, ist ihre Angelegenheit und geht uns nichts an, solange es nicht zu Verletzungen der Menschenwürde oder strafbaren Handlungen kommt. Und die Gefahr, daß dies in der eigenen Wohnung passiert, ist denkbar gering – es sei denn, die Eltern wären beteiligt.

Tatsache ist aber auch, daß die sexuellen Wünsche unterschiedlich stark sind. Es kann daher leicht dazu kommen, daß ein Partner mehr möchte als der andere. Auch hier ist wieder Selbstbewußtsein gefragt. Wer sich selbst vertraut, läßt sich nicht erpressen. Sagen Sie Ihrem Kind in einem Augenblick großer Nähe, daß es nichts und niemals etwas tun muß, was es nicht mag – auch nicht für jemand, den es liebt.

Und sagen Sie ihm auch, daß es das, was es mag, aussprechen und genießen darf. Manche Jungen fühlen sich als Sündenböcke, die Mädchen schlecht behandeln, wenn diese nicht sagen, was sie mögen und was nicht. Wenn sich in Zukunft daran etwas ändern soll, müssen Mädchen wagen, ihre Wünsche zu äußern, und Jungen empfindsam genug sein, auch danach zu fragen und darauf einzugehen. Wenn man nicht darum gebeten wird, kann man als Elternteil sein Kind kaum sexuell beraten.

Vermitteln kann jedoch jede(r), daß die Klischees, Verklärungen und romantischen Übertreibungen von »Liebe« in Filmen mit der Wirklichkeit meist wenig zu tun haben. Auch das, was in Schlagern und Songs besungen wird, trifft ja meist nicht zu. Allerdings wird Ihr Kind das ganz allein herausfinden. Es hat ein Recht auf eigene Erfahrungen, eigene Enttäuschungen und eigenes Glück.

Empfängnisverhütung und Aids

Jede ungewollte Schwangerschaft ist schlimm, für Jugendliche jedoch ganz besonders. Sowohl eine Abtreibung als auch eine ungewollte Schwangerschaft führen zu Problemen, die besser vermieden werden sollten.

Ein Drittel aller Jugendlichen hat heutzutage mit sechzehn Koituserfahrung. Eltern sollten deshalb mit ihren Heranwachsenden unbedingt über Empfängnisverhütung reden – auch dann, wenn dies im Rahmen des Sexualkundeunterrichts in der Schule ebenfalls geschehen sollte.

Das derzeit sicherste Mittel ist immer noch die Pille,

biologische Methoden kommen bei jungen Frauen noch nicht in Frage. Kondome sind inzwischen auch sehr sicher und bieten außerdem Schutz vor Aids und Geschlechtskrankheiten. Jungen müssen das Anlegen der Kondome aber üben. Kondome sind leicht erhältlich, nicht sehr teuer und beeinträchtigen nicht die Gesundheit. Allerdings schließt nur die Pille eine Schwangerschaft wirklich aus.

Wenn Mädchen die Pille nehmen wollen – was bei regelmäßigem Geschlechtsverkehr auch sinnvoll ist –, sollten sie dies mit einer Frauenärztin ihres Vertrauens besprechen. Es lohnt sich, genauere Erkundigungen nach Adressen einzuholen, z. B. über Mädchen- und Frauengruppen! Wer bei der Pille zögert (schließlich muß sie täglich und mit einem gewissen Risiko für die Gesundheit eingenommen werden), sollte wissen, daß der Verzicht auf Geschlechtsverkehr nicht mit dem Verzicht auf sexuelle Lust gleichzusetzen ist. Daß es auch andere lustvolle Praktiken gibt, wissen alle, die »Petting« betreiben.

Aids ist eine reale Gefahr und wird ja auch in Schulen als solche behandelt. Dennoch läßt sich nicht hundertprozentig ausschließen, daß Ihre Tochter oder Ihr Sohn angesteckt werden. Genauso wenig können Sie verhindern, daß er oder sie vielleicht einen Auto- oder Motorradunfall haben. Wir müssen mit einem Risiko leben. Nur wenn die Jugendlichen vor dem ersten Beischlaf beide eindeutig klären können, daß sie gesund sind, oder wenn Kondomzwang herrscht, läßt sich das Risiko eindämmen.

Alle Geschlechtskrankheiten, auf die man durch Hautveränderungen, Juckreiz und Ausfluß aufmerksam wird, müssen ärztlich behandelt werden. Auch harmlose Pilzinfektionen gehen nicht von alleine weg.

Heranwachsende Mädchen in einem bestimmten Alter haben wahrscheinlich von sich aus das Bedürfnis, einmal zur Frauenärztin zu gehen, die als neutrale Person sicherlich auch gute Beratung leisten kann, besonders dann, wenn es sich um eine ganzheitlich denkende Frau mit Einfühlungsvermögen handelt. Dagegen sind Jungen hier auf Väter und Freunde angewiesen. Da Väter häufig abwesend oder schon lange abhanden sind, haben es Jungen manchmal besonders schwer. Freunde der Mutter oder Väter von Freunden können da manchmal hilfreich zur Seite stehen – das ist eine Frage des Vertrauens. Vielleicht erinnert sich aber auch so mancher abwesende Vater, daß sein Sohn ihn gerade jetzt besonders braucht!

Drogenprobleme

Obwohl fast alle Eltern Drogen zu sich nehmen, reagieren sie meist völlig fassungslos, wenn Heranwachsende damit zu experimentieren beginnen. Während die meisten Eltern locker Alkohol, Nikotin, Koffein und diverse Tabletten konsumieren, sollen Jugendliche »clean«, sauber und ordentlich bleiben. Aus Elternsicht steckt dahinter die Angst, die Kinder könnten es zu »nichts« bringen und in der bösen Welt untergehen. Jugendliche sehen das Verlogene an dieser Einstellung und es ist ja so vieles »verlogen«, was Erwachsene vorleben.

Eltern haben heute mehr denn je das Bedürfnis, ihre Kinder möglichst rund um die Uhr zu kontrollieren – und das geht einfach nicht. Die Welt mag zwar schlechter denn je sein, aber Jugendliche können am besten auf sich selbst aufpassen. Eltern können eine nüchterne, nicht moralisierende Aufklärung betreiben, die dann glaubwürdig ist, wenn sie ihre eigenen Erfahrungen und Experimente ehrlich mit einbringen.

Reagieren viele Eltern aber nicht gerade deswegen so hysterisch auf Experimente ihrer Kinder, weil sie selber abhängig sind, ohne es sich zuzugestehen?

Zur Aufklärung gehört es auch, aufzuzeigen, daß knallharte kommerzielle Interessen sowohl hinter der Zigarettenwerbung als auch hinter dem Drogendeal stehen. Wieviele Erwachsene fallen auf den Wunsch, einmal die Freiheit des Grand Canyons genießen zu können, herein und kaufen sich dann Teer und andere Gifte in Zigarettenform, die absurderweise diese Freiheit suggerieren? Ehrlichkeit und Vorbild der Eltern – Vorbild auch im Eingestehen von Schwächen – sind durch nichts zu ersetzen.

Ansonsten besteht Drogenprophylaxe vor allem in einem anregungsreichen, alternativen Angebot an Möglichkeiten, Beschäftigungen und Tätigkeiten. Jugendliche, die feste Hobbys und Interessen haben, las-

sen sich selten verführen. Zu überlegen wäre in diesem Zusammenhang auch, ob Sie Ihrem Kind nicht doch einen Wunsch erfüllen können, den Sie bisher abgelehnt haben, z. B. Reitunterricht, einen Computer oder einen eigenen Hund. Wie gesagt, Sucht kommt von Suche. Sind Sie eigentlich noch auf der Suche oder haben Sie mit dem Leben schon abgeschlossen? Teilen Sie Ihrem Kind ehrlich mit, was Sie denken und fühlen, welche Probleme Sie in Ihrem Leben hatten und haben und durch welche Krisen Sie gegangen sind?

Wer die Möglichkeit hat, aufregende, schöne, abenteuerliche, aber auch ergreifende und traurige Erfahrungen zu machen, muß nicht zu Drogen greifen.

Allerdings geraten heute auch immer mehr heitere und vertrauensvolle Kinder durch Cliquen und Gruppendruck in Abhängigkeit. Drogenkonsum findet oft in der Gruppe statt und fördert außerdem die Loslösung vom Elternhaus. Zwar sollte man gelegentliches Experimentieren mit Drogen unbedingt von Abhängigkeit unterscheiden, doch kann diese sich auch langsam einschleichen, zumal organisierte Banden auf knallharte Geschäfte aus sind.

Drogen nehmen dem Heranwachsenden nach und nach, was er so dringend braucht, nämlich Selbständigkeit und Unabhängigkeit. Was Ärzte und Wissenschaftler als »Gewöhnung« bezeichnen, ist also nicht nur ein körperlicher Vorgang, sondern auch ein seelischer – *und der ist bemerkbar.* Die Realitätswahrnehmung wird eingeschränkt, das Blickfeld engt sich ein, die Auseinandersetzung mit der Wirklichkeit nimmt ab. Aus Angst, Scham oder Furcht vor der Schande verdrängen viele Eltern diese Anzeichen und machen sich damit eine gezielte Einflußnahme selbst unmöglich.

Was können Eltern tun, wenn sie bei ihrem Kind die Gefahr des Abhängigwerdens vermuten? Sie sollten unbedingt die fachliche Hilfe von Ärzten, Therapeuten und entsprechenden Beratungsstellen oder Selbsthilfegruppen in Anspruch nehmen – und sei es auch nur, um festzustellen, ob sie sich unnötige Sorgen machen oder es mit einem »schweren Fall« zu tun haben.

Bevor Sie das Gespräch mit Ihrem Kind suchen, sollten Sie sich soweit mit kompetenten Leuten beraten haben, daß Sie nicht wütend lospoltern und somit von vornherein den Widerstand Ihres Teenagers heraufbeschwören. Streitgespräche sind niemals ein Mittel, um Jugendliche von irgend etwas abzuhalten. Und für Verbote ist es außerdem zu spät. Auch Horrorgeschichten über Drogenabhängigkeit wirken wenig glaubwürdig.

Erfragen Sie statt dessen lieber in Ruhe die Erfahrungen Ihres Kindes, welche Drogen es nimmt, wie häufig und was es dabei sucht. Etwas verändern können Sie nur gemeinsam und wenn Ihr Kind das Gefühl hat, daß Sie prinzipiell auf seiner Seite stehen.

Nützlich ist es außerdem, sich mit den anderen Eltern der Clique und einem Fachmann oder einer Fachfrau zusammenzusetzen, um Ideen zu sammeln, wie man den Jugendlichen andere Abenteuer ermöglichen kann und wie man wieder Kontakt zu ihnen bekommt, ohne sie zu demütigen oder wegzustoßen.

»Ich gehe!«
Abhauen und Selbstmordgedanken

»Wars schön?« hatte er – der Vater – früher immer gefragt, wenn sie nach Hause kam. Und jetzt? Wo bist zu gewesen, mit wem warst du unterwegs, was hast du gemacht? Warum bist du eine Viertelstunde zu spät? Und immer sah er sie so an, so spöttisch, ungläubig. Machte er sich lustig über ihre Freunde. Es war egal, was sie erzählte, er würde es doch nie glauben. »Und du«, schrie sie ihn da plötzlich an und zerrte die Ärmel runter, »was ist mit dir? Jeden Abend 'ne ganze Flasche Wein. . . Wer ist denn hier der Drogi . . .?« Da schlug er zu, mitten ins Gesicht. In der Nacht nahm sie den Rucksack und haute ab (Brigitte, Dossier Pubertät, 12/1992, S. 116).

Dies ist kein Einzelfall. Jugendliche, die sich in ihrem Inneren verletzt, unverstanden und verzweifelt fühlen oder die einfach durchsetzen wollen, was ihre Eltern verbieten, gehen oft. Noch in der Generation unserer Großmütter war es keine Seltenheit, daß 15jährige ganz aus dem Haus gingen. Heute schon. Aus welchen Gründen auch immer: Abhauen reißt einen Graben auf, ist allerdings auch die große Chance zu einem neuen Anfang, wenn der »verlorene Sohn« oder die »verlorene Tochter« heimkehren.

Der Schock, den Jugendliche ihren Eltern mit dieser »Gewaltkur« verpassen, ist groß und regt vielleicht zum Umdenken an. Als Erwachsene, die mehr Überblick und Erfahrung haben, ist es unsere Aufgabe, auf unsere Kinder zuzugehen – nicht umgekehrt. Wer den Gesprächsfaden nicht abreißen lassen will, muß zunächst zuhören lernen. Der von der Pädagogik Steiners ausgehende Jugendberater Henning Köhler formuliert das so: »Ein wesentlicher Punkt ist die echte Gesprächskultur (von ›Intellekt zu Intellekt‹), wobei der Erwachsene die Kommandoebene konsequent verlassen muß, sonst werden keine Gespräche stattfinden. Aber der allerwichtigste Punkt ist die gelebte Geistes- und Gesinnungshaltung. Ich muß mich als Erzieher fragen: Hat der Jugendliche in mir einen Erkenntnissucher vor sich oder einen Prinzipienverkünder? Ich muß mich zweitens fragen: Kann er in mir einen Menschen sehen, der sich Freude an den Abenteuern der Phantasie, am künstlerischen Experiment bewahrt hat, oder bin ich zum selbstzufriedenen Gewohnheitstier geworden, von dem nichts Neues mehr zu erwarten ist? Und schließlich: Bin ich sozial engagiert oder bedeutet für mich ›sozial‹ nur noch, daß ich mich brav in die vorgegebenen Regeln einfüge, um meinen Wohlstand, meine Sicherheit und meinen Ruf nicht zu gefährden?« (Köhler, S. 175)

Gelingt es nicht, diese Gesprächskultur zu entwikkeln, kann man mit therapeutischer Hilfe versuchen, Grabenkämpfe zu beenden. Das kann auch bedeuten, dem Kind zu gestatten, woanders zu wohnen. Eine räumliche Trennung kann auch eine Lösung sein und wichtige neue Erfahrungen ermöglichen.

»Ich gehe« kann aber auch Abschied für immer bedeuten. Die Zahl der Selbstmorde junger Menschen ist speziell in der Bundesrepublik erschreckend hoch. Im Jahr 1990 haben sich 218 junge Menschen zwischen 15 und 20 das Leben genommen. Die Tendenz ist steigend. Für Eltern gibt es wohl kaum ein schlimmeres Schicksal. Die Gründe der Jugendlichen können nicht überraschen: Konflikte mit den Eltern, Einsamkeit, das Gefühl, nicht verstanden zu werden, Beendigung einer Liebesbeziehung, Prüfungsdruck und Schulprobleme.

Selbstmorddrohungen, die fast jedem tatsächlichen Selbstmord vorausgehen, sind deshalb unbedingt und immer ernst zu nehmen. Sie sind ein Hilferuf und wollen auf Verzweiflung aufmerksam machen.

Wenn Sie das Gefühl haben, Ihrem Kind nicht helfen zu können, sollten Sie unbedingt therapeutische Hilfe in Anspruch nehmen. Die sozialpsychiatrischen Dienste in den Jugendämtern und Gemeinden sowie die im Anhang aufgeführten Therapeutenvereinigungen können Ihnen Adressen und nähere Auskünfte erteilen.

»Ich hau' dir eine 'rein!«
Wie kann ich mein Kind vor Gewalt schützen?

In unserer Gesellschaft steht Gewalt auf der Tagesordnung. Gewalt in Form von Kriminalität, Straßenverkehr, Betonwüste, Ballungsgebieten, d. h. persönlicher Enge in Wohnungen und Umgebung u. v. m. In Familien geschehen die meisten Verbrechen. Und die meisten Menschen sterben an Verkehrsunfällen. Allerorten Gewalt. Deshalb kann niemand sein Kind hundertprozentig schützen. Mit dieser Tatsache muß sich jede Mutter und jeder Vater auseinandersetzen.

Ich selber habe jahrelang große Angst gehabt. Ein Kind, das stirbt, ist, so glaube ich, das Schlimmste, was Eltern passieren kann. Meine eigene Angst bin ich losgeworden, weil ich mich immer und immer wieder mit dem Thema Tod beschäftigt habe. So ist er für mich eher ein guter Bekannter als ein Schreckgespenst. Außerdem glaube ich, daß jeder Tod einen Sinn hat und daß die Seele unsterblich ist. Das sind meine ganz persönlichen Glaubenshaltungen. Sie lassen sich nicht übertragen. Aber nachdenkenswert ist das schon. Mit Schlägereien hat das doch aber gar nichts zu tun? Gewiß nicht, wenn es sich um jene Rüpeleien und jenes Kräftemessen handelt, die man bei allen Säugetierjungen und bei Menschenkindern beobachten kann.

In »Karlsson vom Dach« hat Astrid Lindgren dies treffend beschrieben: »Lillebror kommt mit einer dikken Beule nach oben. Krister hat ihn mit einem Stein beschmissen. Und Mama ist entsetzt: ›Nein, nun hört doch aber alles auf‹, sagte Mama, ›so ein Lümmel! Warum kommst du denn nicht rauf und sagst es mir?‹

Lillebror zuckte die Achseln. ›Wozu denn? Du kannst doch nicht mit Steinen schmeißen. Du würdest nicht mal eine Scheunenwand richtig treffen.‹ ›Ach, du kleines Dummerchen‹, sagte Mama, ›du denkst doch nicht etwa, daß ich Krister mit Steinen schmeißen will?‹ ›Womit sollst du denn aber sonst schmeißen?‹, fragte Lillebror erstaunt. ›Was anderes gibt es nicht, wenigstens nichts, was ebensogut geht.‹ Mama seufzte. Es war kein Zweifel, daß nicht nur Krister zuschlug, wenn es nötig war. Ihr eigener Liebling war nicht eine Spur besser. Wie war es aber möglich, daß ein kleiner Bengel, der so liebe blaue Augen hatte, ein solcher Haudegen war? ›Wie schön wäre es, wenn ihr es euch abgewöhnen könntet, euch zu hauen‹, sagte Mama. ›Man kann doch statt dessen über die Dinge sprechen! Weißt du, Lillebror, es gibt tatsächlich nichts, was man nicht ins Reine bringen kann, wenn man die Dinge ordentlich durchspricht.‹

›Das gibt es aber doch‹, sagte Lillebror. ›Zum Beispiel gestern. Da habe ich mich auch mit Krister gehauen. . .‹ ›Völlig unnötig‹, sagte Mama. ›Ihr hättet ebensogut durch ein vernünftiges Gespräch klären können, wer recht hatte.‹ Lillebror setzte sich an den Küchentisch und stützte seinen verletzten Kopf in die Hände. ›Denkst du, ja‹, sagte er und sah seine Mama finster an. ›Krister hat nämlich zu mir gesagt: ›Ich kann dir eins reinhauen‹, und da hab ich drauf gesagt: ›Das kannst du ja mal versuchen.‹ Wie können wir sowas wohl durch ein vernünftiges Gespräch klären? Kannst du mir das mal sagen?‹ Das konnte Mama nicht und sie beendete unverzüglich ihre Friedenspredigt.« (Hamburg 1956, S. 50/51)

Natürlich gibt es auch andere Arten von Prügeleien. Z. B. wenn ein einzelner von drei oder mehr Jugendlichen bedrängt wird. Was kann er da machen? Wegrennen oder um Hilfe schreien wäre vielleicht gut – aber das nützt oft nichts. Hier hilft auch der prinzipiell empfehlenswerte und sicherlich auch wichtige Selbstverteidigungskurs für Mädchen – aber auch für Jungen – nicht weiter. In so einem Fall kann man nichts machen. Günstigenfalls kann man sich bemühen, die Täter nicht noch zusätzlich zu provozieren oder wütend zu machen.

Zwei Dinge aber können Eltern doch tun:

1. Mit ihren Kindern darüber reden, welche Bedingungen Gewalt hervorrufen und daß es gewalttätige Ju-

gendliche gibt – wie noch viel mehr gewalttätige Erwachsene.

2. Immer wieder das Selbstbewußtsein des Heranwachsenden stärken. Das geschieht nicht nur durch Lob und Aufmerksamkeit, sondern vor allem durch Übertragung von Aufgaben und Verantwortung. Nur der kann sich wertvoll fühlen, der fühlt, daß er etwas wert ist, weil er gebraucht wird.

Außerdem möchte ich Sie anregen darüber nachzudenken: Wie würden Sie Ihr Kind heute behandeln, wenn Sie wüßten, daß es morgen Opfer von Gewalt wird?

Phantasiereisen

Für Eltern

Entspannung ist erlernbar. Sicher gibt es auch an Ihrem Wohnort Kurse, die gezielt vermitteln, wie man sich zu entspannen lernt. Die Methoden sind unterschiedlich und nicht jede eignet sich für jede(n). Wenn Sie z. B. bisher schlechte Erfahrungen mit autogenem Training gemacht haben, ist vielleicht Yoga besser für Sie oder Tai Chi.

Auf dem Markt sind eine Reihe von Kassetten und CDs, die Entspannungsmusik, gelenkte Meditationen, Phantasiereisen u. ä. anbieten. Im Anhang habe ich einige Verlage aufgeführt, damit Sie deren Angebot prüfen können.

Ich selbst mag die Phantasiereisen von Klaus Vopel, die als Bücher erschienen sind. Nachstehend habe ich einige davon aufgeschrieben. Gefallen sie Ihnen, so sprechen Sie sie auf Kassette. Wenn Sie Spaß daran haben, können Sie solche Reisen auch selbst erfinden – z. B. indem Sie sich gezielt an den letzten Urlaub zurükkerinnern.

Bitte beachten Sie, daß Sie langsam sprechen, so daß die Bilder vor Ihrem inneren Auge entstehen können. Die mit . . . gekennzeichneten Stellen geben Pausen an, die (wenn nicht anders angegeben) ca. 30 Sekunden dauern.

Wenn Sie eine Phantasiereise machen wollen, brauchen Sie einen bequemen Platz und 20 – 30 Minuten Zeit, in der Sie ungestört sind. Es ist unbedeutend, ob

Sie sich während einer Phantasiereise sehr wach, in Trance oder gar schläfrig fühlen. Lassen Sie es einfach geschehen und folgen Sie den Worten.

Knoten lösen (nach Klaus Vopel)

Setz oder leg dich entspannt hin. Vielleicht magst du die Augen schließen und ein paarmal tief durchatmen. Schau dir deinen ganzen Körper von Fuß bis Kopf nacheinander an, fühle in jeden Körperteil hinein und stelle fest, wo du eine Anspannung entdeckst. Überprüfe alle besonders gefährdeten Stellen: Füße, Unterschenkel, Magen, Brust, Herz, Schultern, Nacken, Unterkiefer, Augenbrauen, Mund. Überall, wo du Verspannungen spürst, kannst du dir einen Knoten vorstellen. Einen Knoten in einem Tau, in einem Bindfaden oder vielleicht einen Knoten in einem Zwirnsfaden, je nachdem, wie sich die Verspannung anfühlt. Und die Taue und Bindfäden, die du siehst, kannst du dir als grau vorstellen und genauso den Körperteil, den du angespannt hast; denn mit unserer Anspannung schränken wir ja die Durchblutung in diesem Teil des Körpers ein. Und vielleicht bist du an diesem Tag schon ziemlich viel herumgelaufen oder hast das Gefühl, daß deine Beine, die all die Herausforderungen des Lebens tragen müssen, ziemlich angespannt sind. Und dann kannst du dir deine Füße wie zwei vielfach verknotete Seile vorstellen. Oder vielleicht schmerzt dein Rücken und du kannst dir deine Wirbelsäule wie ein graues, vielfach verknotetes Tau vorstellen. Oder dein Kopf – vielleicht fühlt er sich an wie ein Haufen verknoteter Bindfäden und du kannst damit beginnen, all diesen Knoten die Erlaubnis zu geben, sich zu lösen. Und am besten konzentrierst du dich immer auf ein Gebiet und sagst dabei: Ich löse hier meine Anspannung. Und dann kannst du zuschauen, wie sich die meisten Knoten leicht und ohne Anstrengung auflösen. Und für den Fall, daß irgendein Knoten unbedingt weiter verknotet bleiben will, gebe ich dir später eine Anregung, was du dann tun kannst.

Mit deinem inneren Auge kannst du sehen, wie sich die Knoten auflösen, wie sich die Seile und Bindfäden entwirren und vielleicht ganz ordentlich arrangieren, schön zusammengelegt wie Tauwerk auf einer Segelyacht. Und stell dir vor, daß dieses Tauwerk in schönen runden Kreisen zusammengelegt ist, die ganz ordentlich um deine Füße herum liegen, um deine Beine, um deinen Rücken und deinen Kopf, überall wo Spannung war. Und schrittweise wird dein ganzer Körper so gut aufgeräumt wie eine Segelyacht im Hafen, die von ihren Besitzern gut gepflegt wird. Und immer, wenn du ein verknotetes Gebiet gelockert hast, kannst du tief Luft holen und vielleicht deinen Atem mit einem Seufzer der Erleichterung wieder herauslassen. Und allmählich kannst du dann spüren, daß deine Lebensgeister wieder frei zirkulieren. Und du kannst auch sehen, daß das Tauwerk und die Fäden eine rosa Farbe bekommen, genauso wie das nun entspannte Gebiet. Im Laufe dieser Prozedur werden sich deine Füße frisch und beweglich anfühlen, so daß du das Empfinden hast, gleich tanzen zu können. Und deine Knie können sich wieder stark und elastisch fühlen und dein Rücken gerade und stolz. Und deine Gedanken können wieder frei durch deinen Geist ziehen.

Wenn du auf diese Weise deine Anspannung aufgelöst hast, kannst du dir diesen angenehm lockeren Zustand dadurch bestätigen, daß du dir überall das in schönen Kreisen zusammengelegte Tauwerk vorstellst. Und nun laß dir ein paar Minuten Zeit, um die Verknotungen zu lösen, die du jetzt feststellen konntest. . . (2 – 3 Minuten).

Nun möchte ich dir sagen, was ich vorher angekündigt habe. Es kann in Zukunft immer einmal vorkommen, daß ein Knoten sich nicht von selbst lösen will. Dann kannst du davon ausgehen, daß dieser Knoten eine wichtige Botschaft für dich bereithält, die zu entziffern wichtig ist. In diesem Fall kannst du dir den Knoten etwas vergrößert vorstellen, wie unter einer Lupe. Und du kannst ihn fragen, ob er dir sein Geheimnis mitteilen möchte. Und vielleicht hörst du dann ein paar Worte oder einen Satz, oder du siehst zusätzlich ein anderes Bild oder ein Symbol, das die Botschaft für dich enthält. Du kannst dem Knoten dann mitteilen, wie du auf seine Botschaft reagieren willst. Vielleicht ist er dann bereit, sich aufzulösen. So ein Dialog mit einem hartnäckigen Knoten kann dir wertvolle Hinweise auf unerledigte Dinge geben. Dinge, die du übersehen hast und die anzupacken in deinem Interesse liegt.

Du kannst dir das Leben auch in Zukunft leichter machen, indem du häufiger mit dieser imaginativen Technik des Knotens arbeitest. Dein unbewußter Geist kann dir von Zeit zu Zeit die Knoten in bestimmten Körperteilen zeigen, so daß du dir dann etwas Zeit nehmen kannst, dort aufzuräumen und locker zu lassen.

Und nun kannst du gleich die Augen wieder öffnen, dich recken und strecken und in deinem eigenen Tempo hierher zurückkommen.

Der Baum (nach Klaus Vopel)

Wahrscheinlich hast du auch schon einmal die Erfahrung gemacht, daß es nicht einfach ist, Abschied zu nehmen. Unser heutiges Leben macht es uns auch gar nicht so leicht, dies zu üben. Unsere Vorvorfahren, die noch Jäger und Sammler waren und durch Feld und Wald zogen, hatten mehr Gelegenheit, Abschied zu nehmen und sich fortwährend auf Neues einzustellen. Eingebettet in die Rhythmen der Natur, waren sie zu ständiger Flexibilität gezwungen. Wir sind keine Nomaden mehr und erschrecken, wenn irgendwelche Umstände unser Leben drastisch verändern.

Mit der nun folgenden Phantasiereise kannst du es dir leichter machen, die Wechselfälle des Lebens zu ertragen. Setz oder leg dich bequem hin und achte auf deinen Atem. Und dann stell dir vor, daß du irgendwo auf einer Wiese bist und vor dir ein großer Baum. Du hast ihn ganz im Auge, diesen alten, sturmerprobten Baum, der schon lange an seinem Platz steht.

Laß es gerade Frühling sein und betrachte die Knospen und frischen Triebe... Wenn du willst, kannst du dir auch vorstellen, daß du selbst dieser Baum bist. In seinem Holz steigt der Saft der Wurzeln nach oben, voll Kraft und Bereitschaft, Blüten und Blätter zu produzieren... Und du kannst beobachten, wie die zarten Blätter aus ihren Hüllen heraustreten und größer und größer werden, bis sie zu kräftigen grünen, stabilen Blättern heranwachsen... und du kannst auch das Kommen und Gehen der kleinen Blüten miterleben, aus denen im Laufe des Sommers bis zum Herbst die Samen, die Früchte werden... Du kannst mit dem Baum die Jahreszeiten erleben, den Sommer mit seiner Hitze und der Sehnsucht nach Regen und dann schließlich den Herbst. Die Blätter verfärben sich und werden bunt, und was nach außen so schön aussieht, ist doch der Beginn eines vorläufigen Endes...

Der Baum muß sich jetzt auf einen neuen Abschnitt im Kreislauf der Jahreszeiten einstellen. Alles, was für die kommende Zeit des Winters nicht mehr notwendig ist, muß losgerissen werden. Die Zeit des Winters ist eine große Herausforderung für den Baum. Er muß sich auf Kälte einstellen, auf Wind und Sturm und eine Zeit der Trockenheit. Aber der Baum ist klug und weise, er fügt sich diesem Zwang der Reduzierung und zieht seinen Lebenssaft nach innen zurück. Du kannst miterleben, wie die Blätter des Baumes zu Boden segeln und all die vielen Momente, wo Blätter sich lösen und langsam zu Boden schweben. Und du kannst dich, wenn du möchtest, gern mit dem Baum identifizieren und diesen Vorgang der Umstellung intensiv miterleben. . .

Du hast tausende von Blättern und du kannst diesen Moment tausendfach ertragen, nämlich das Loslassen von überflüssig Gewordenem. So lebenswichtig und schön deine Blätter noch vor kurzem waren, so überflüssig sind sie für die kommende Winterzeit. Und auch mancher morsche Ast kann von den Herbststürmen zu Boden gerissen werden, um im Frühjahr Platz zu machen für frische Triebe. . .

Du kannst einen Augenblick auch an die Dinge denken, die in deinem eigenen Leben überflüssig geworden sind oder entbehrlich werden. Dinge, die vielleicht eine Zeitlang lebensnotwendig waren, die du aber in den kommenden Jahren nicht mehr gebrauchen kannst. Und vielleicht kannst du einen Abschied leichter akzeptieren, der bereits stattgefunden hat und gegen den du immer noch rebellierst. Oder du kannst dich vorbereiten, darauf einstellen, einen kommenden Abschied leichter anzunehmen, eine veränderte Einstellung zu wichtigen Menschen, eine neue Perspektive auf dein Leben, das Loslassen gewohnter Vorrechte und Erwartungen. Wahrscheinlich gibt es das eine oder andere, das dir dazu einfällt. Und vielleicht bemerkst du, daß es im Augenblick des Loslassens ein merkwürdiges Empfinden gibt: Man kann nicht genau sagen, ob Schmerz oder Freude überwiegen, denn wie der Baum wirst du dir selber sagen können, daß du dich mit dem

Abwerfen von Ballast gut rüstest für die kommende Zeit. Für die Zeit, wo du alle deine Kräfte benötigst, um den Herausforderungen gewachsen zu sein... (1 Minute).

Und weiter kannst du nun mit dem Baum die Winterzeit erleben und mit ihr die Zeit der Ruhe, der Starrheit und Kälte und der wilden Stürme... Wenn du willst kannst du als Baum auch die alles bedeckende Schneedecke empfinden, sie als Polster auf deinen starken Ästen fühlen und die Kälte spüren. Sie kann dir aber nichts anhaben, denn alle deine äußeren Bereiche sind unempfindlich geworden und wie tot, weil sich ganz innen im Baum und in der Tiefe deines Stammes der Lebensfluß konzentriert. Auch deine tiefen Wurzeln kann die Kälte nicht erreichen... So kannst du die Eiseskälte ertragen. Denn als Baum weißt du, daß diese Decke aus gefrorener Erde und die Schicht aus Eis und Schnee darüber auch eine Schutzschicht sind, damit es darunter in der Tiefe des Erdreichs wärmer bleibt für alle deine Wurzeln, mit denen du dich im Frühling wieder mit Wasser und Nährstoffen versorgen wirst. Mit dem Baum kannst du dich jetzt einen Augenblick ausruhen, und in deinen Zweigen, unsichtbar für den Blick von außen, schon all die Knospen vorbereiten, die du im Frühling dann wieder nach außen schicken wirst. Du kannst diese Zeit nutzen, um Atem zu schöpfen und um zu entscheiden, wo du neue Triebe und kleine Zweige ansetzen möchtest, um langsam im Laufe des kommenden Jahres deine Form weiter zu entwickeln, noch kräftiger und vielgestaltiger... Und jetzt kannst du dich recken und strecken und langsam wieder wach und munter werden.

Für Jugendliche

Phantasiereisen ermöglichen, Vorstellungskraft, Intuition und Phantasie zu entwickeln. Sie können Jugendlichen über Krisen hinweghelfen und ihr Selbstbewußtsein stärken. Voraussetzung dafür ist, daß sie dieses Medium für sich selber entdecken und nicht übergestülpt bekommen.

Die nachfolgenden Phantasiereisen können Sie Jugendlichen anbieten – z. B. zur Entspannung und vor dem Einschlafen. Der oder die Betreffende kann den Text selber langsam auf Kassette sprechen. Oder Sie bitten einen Freund, dies zu tun. Wenn Sie ein wirklich gutes Vertrauensverhältnis zu Ihrem Kind haben, können Sie die Kassette auch selbst besprechen. Drei Punkte ... bedeuten, daß an dieser Stelle eine Pause von etwa dreißig Sekunden gemacht werden sollte.

Ein Ballon, der schützt (nach Klaus Vopel)

Manchmal haben wir das Gefühl, daß wir besonders dünnhäutig sind. Vielleicht wachst du schon morgens auf und spürst, daß dies nicht gerade ein starker Tag sein wird. Dann machst du dir selbst Vorwürfe und schon ein ungeschicktes Wort von Eltern oder Geschwistern kann dich irritieren. Du hast dann vergessen, daß du Grund genug hast, mit dir selbst zufrieden zu sein. Solche Tage kommen und gehen. Du hast aber eine Möglichkeit, dir selbst zu helfen, indem du deiner dünnen Haut eine zweite, kräftige Hülle hinzufügst. Willst du wissen, wie das geht?

Setz oder leg dich bequem hin und vielleicht hast du Lust, die Augen zu schließen. Bewege deine Schultern und bemerke, wie sie sich anfühlen... Wie liegt dein Rücken auf der Unterlage auf oder wie fühlt sich die Stuhllehne an, die deinen Rücken berührt... Ist dein Gesicht entspannt und locker? Wie fühlt sich dein Mund und wie deine Stirn an...? Und nun achte einmal auf deine Hände. Wie fühlt sich der Handrücken an und wie die Innenseite? Vergleiche die rechte mit der linken Hand. Ist eine Hand wärmer oder kälter, leichter oder schwerer...

Und nun stell dir vor, daß du dir selbst zusehen kannst an einem Tag, wo du nicht so gut in Form bist. Bewegst du dich langsam oder schnell? Und wo bist du dann besonders verletzlich? Ist dein Kopf dann besonders empfindlich oder deine Brust, dein Rücken oder was sonst...

Und nun setz dich einmal mit geschlossenen Augen so hin, wie du es tun würdest, wenn gleich etwas Unangenehmes auf dich zukäme. Wie atmest du dann und wie hältst du Arme und Kopf? Wie fühlen sich deine Schultern an und wie deine Füße und Beine?

Und jetzt achte darauf, wie anders sich dein Körper anfühlt, wenn du dir folgendes vorstellst: Langsam, langsam entsteht ein wunderschöner bunter Ballon um dich herum. Ungefähr wie eine Seifenblase, die zuerst klein ist und dann immer größer wird. Du kannst diesem Ballon all die bunten Farben des Regenbogens geben und seine Hülle so dick machen, daß es sich für dich gut anfühlt, daß du dich ganz sicher und geborgen darin fühlen kannst. Laß den Ballon so groß sein, daß du dich bequem darin bewegen kannst und daß du mit dieser Hülle auch überall hingehen kannst, wohin du willst. Wenn du möchtest, kannst du dir auch vorstellen, daß das Material des Ballons einen besonderen Duft verströmt, der für dich angenehm und beruhigend ist. Allmählich kannst du vielleicht bemerken, daß du in diesem Ballon geschützt bist und in Sicherheit. Wenn du willst, kann dieser Ballon für andere völlig unsichtbar sein.

Nun erlebe ein paar Dinge in der Phantasie, die sonst vielleicht schwierig wären; vielleicht willst du, daß irgend jemand dir Vorwürfe macht oder du gehst mit dem Ballon in eine besonders schwierige Klassenarbeit oder er schützt dich einfach vor den spöttischen und kritischen Blicken anderer Leute...

Du kannst bemerken, wie dein Körper sich anders anfühlt in dieser behaglichen Hülle ... und wann immer du in einer Situation sein wirst, wo du Schutz und Sicherheit benötigst, kannst du deine Phantasie benutzen und dich mit deinem persönlichen Ballon umgeben.

Laß dir noch einen Augenblick Zeit, um diese Situation zu genießen. Wenn du willst, kannst du dann aus deinem Ballon herauskommen und dich recken und strecken, deine Augen öffnen und wieder ganz hier sein.

Das Schiff (nach Klaus Vopel)

Ich vermute, daß du dir manchmal gern einen Western oder Krimi anschaust. Du empfindest dann mit dem Helden, wie aufregend oder überraschend sein Leben sein kann. Und vielleicht bewunderst du seine Selbstbeherrschung und die Art und Weise, wie er auch in schwierigen Situationen die Übersicht behält und weiß, was er tut. Und manchmal bewunderst du vielleicht noch mehr die Selbstverständlichkeit, mit der er das tut und wie er akzeptiert, daß seine Mit- und Gegenspieler ihn immer wieder in schwierige Situationen verwickeln, die er sich nicht ausgesucht hat. Vielleicht können wir von all den Helden dieser Filme eine Menge lernen.

Setz oder leg dich bequem hin und spüre einen Moment deinen Atem... Und jetzt kannst du dir vorstellen, daß ein großes Segelschiff seine Reise antritt... Der Wind füllt die weißen Segel, während das Schiff dem offenen Meer zustrebt.

Immer klarer kannst du das Schiff mit den Segeln vor deinem inneren Auge sehen und du kannst erkennen, wie der Bug des Schiffes Wasser und Wellen teilt... Du kannst auch die große Kraft des Windes spüren, der in die Segel greift und das Schiff nach vorn treibt. Und du spürst das Salz in der Luft und vielleicht schmeckst du es auch. Und du kannst das Pfeifen des Windes hören, der durch die Takelage streift, du hörst das Klatschen der Wellen, während das Schiff dem Unbekannten zustrebt...

Und nun stell dir vor, daß du selbst auf dem Schiff bist. Stell dir vor, daß du oben an Deck stehst auf dem Steuerstand und auf das offene Meer hinausschaust. Die Wasserfläche blitzt im Sonnenlicht und am Horizont gibt es jene Linie, wo sich Himmel und See vereinigen. Du bemerkst den Geruch des Seewassers, den Geruch von Salz und Seetang, und der Wind fährt dir durch die Haare und brennt auf deinem Gesicht. Du greifst fest in das große hölzerne Steuerrad mit den vielen Speichen und Griffen. Fest hältst du es in beiden Händen, um das Schiff auf dem richtigen Kurs zu halten.

Manchmal mußt du das Steuer nach rechts herumdrehen und manchmal nach links herum, und du genießt das Gefühl, daß das Ruder des Schiffes deinem Kommando folgt. Du genießt es, daß du ein so großes Schiff steuern kannst. Du konzentrierst dich auf deine Kraft, das Schiff in die Richtung zu bringen, die du ihm geben willst.

Du brauchst dich dafür nicht besonders anzustrengen. Es reicht, wenn du deinen Blick nach vorn richtest. Dann kannst du das Rad leicht drehen, und jeder deiner Entscheidungen folgt das Schiff durch eine passende Bewegung. Du weißt, daß du die Richtung des Schiffes bestimmst.

Und du kannst dieses Gefühl genießen, in all seinen Einzelheiten, dieses Gefühl, steuern zu können, das Empfinden, daß aus dem kleinen Impuls eine wirksame Veränderung wird.

Es ist der Wind, der dem Schiff die Kraft gibt, und es ist das weite Meer, das es trägt. Und es ist deine konzentrierte Aufmerksamkeit, die all das zusammenwirken läßt. Vielleicht löst das bei dir ein ganz unbeschreibliches Gefühl aus, das du tief in dich einsinken lassen kannst und das du später immer wieder zur Verfügung hast, wenn du es gut gebrauchen kannst. Dann kannst du dem Schiff Adieu sagen, dich recken oder strecken und mit deiner Aufmerksamkeit wieder hierher zurückkommen.

Anhang

Erlaubt – Verboten. Juristische Stichworte

Alkohol: Jugendliche unter 16 dürfen in einem Lokal Alkohol trinken, wenn ein Erwachsener bei ihnen ist. Ab 16 dürfen sich Jugendliche Wein oder Bier bestellen, ohne um Erlaubnis zu fragen. Schnaps und andere hochprozentige Getränke sind ab 18 erlaubt.

Arbeit: Ab 13 dürfen Jugendliche »leichte Arbeiten« übernehmen. Für Jugendliche unter 16 darf die Arbeit nicht vor 6 Uhr morgens beginnen (Ausnahme: Bäckereien u. ä.). Kinder unter 14 dürfen nicht im eigentlichen Sinn arbeiten. Alle, die noch schulpflichtig sind, dürfen ebenfalls nur stundenweise leichte Arbeiten übernehmen.

Disco: Unter 16 nur in Begleitung Erwachsener erlaubt. 16 – 18jährige dürfen allein in die Disco, müssen jedoch um Mitternacht gehen.

Führerschein: Ab 18; ab 15 dürfen Jugendliche Mofa (bis 50 Kubik und 25 km/std.) fahren. Hierzu sind ein Helm und die Mofa-Prüfbescheinigung notwendig!

Heiraten: Ab 18! In Ausnahmefällen ab 16, z. B. bei Schwangerschaft.

Personalausweis: Pflicht ab 16; Kinder ab 10 benötigen für Auslandsreisen einen Kinderausweis mit Foto.

Pille: Ab 16 für Mädchen auch ohne Erlaubnis der Eltern. In Begleitung der Mutter und mit deren Einverständnis können auch jüngere Mädchen die Pille ärztlich verschrieben bekommen.

Rauchen: Ab 16 in der Öffentlichkeit erlaubt.

Religion: Ab 14 können Jugendliche entscheiden, welcher Religion sie angehören wollen. Sie dürfen sowohl aus der Kirche austreten, als auch ohne Einwilligung der Eltern einer Religionsgemeinschaft beitreten.

Schaden: Ab 7 können Kinder für Schäden, die sie abschätzen können, verantwortlich gemacht werden. Hat z. B. ein Kind ein Auto beschädigt, müssen die Eltern (oder deren Haftpflicht) dafür bezahlen.

Schule: Eltern entscheiden, welche Schule das Kind bzw. der/die Jugendliche besucht! Gilt bis 18.

Spielhalle: Verboten bis 18! Auch dann, wenn Erwachsene dabei sind!

Strafmündigkeit: Ab 14 müssen Jugendliche mit einer Anzeige rechnen, wenn sie bei Straftaten ertappt werden. Wiederholungstäter bekommen ein Verfahren und müssen mit einer Jugendstrafe rechnen.

Taschengeld: Was Kinder und Jugendliche damit machen, ist ihre Sache. Sie können einkaufen, was sie wollen, und müssen ihre Eltern nicht um Erlaubnis fragen. Ratenkauf muß allerdings von den Eltern genehmigt werden.

Reisen: Mit Erlaubnis der Eltern dürfen Jugendliche allein verreisen. Für den Fall, daß die Ausweise kontrolliert werden, benötigen sie eine schriftliche Erlaubnis mit Telefonnummer und Adresse der Eltern.

Verträge: Mietverträge u. a. müssen von Eltern mitunterzeichnet werden.

Volljährigkeit: Jugendliche ab 18 sind volljährig und damit im juristischen Sinn erwachsen.

Adressen

Die Adressen von Beratungsstellen können Sie den ersten Seiten Ihres örtlichen Branchenbuches entnehmen. Auch die Evangelische und Katholische Kirche bzw. Diakonisches Werk und Caritas haben örtliche Beratungsstellen für Eltern. Über pro familia können Sie ebenfalls TherapeutInnen empfohlen bekommen.

Die folgenden therapeutischen Vereinigungen verschikken Adressenlisten ihrer Mitglieder in ganz Deutschland:

1. Deutsche Arbeitsgemeinschaft für
   Familientherapie e.V.
   c/o Frau Nathusius
   Psychiatrische Universitätsklinik,
   Abt. Psychotherapie
   Hauptstr. 8
   79104 Freiburg

2. Internationale Gesellschaft für systemische
   Therapie e.V.
   Kussmaulstr. 10
   69120 Heidelberg

3. Milton Erickson Gesellschaft für Klinische Hypnose
   Konradstr. 16
   80801 München

Wenn Sie weitere oder spezielle Fragen haben, können Sie sich auch an mich wenden:

Gisela Preuschoff
Osterstr. 16
24996 Ahneby

Literatur

Brigitte 12/1992, Dossier Pubertät, Hamburg

Dainow, Sheila: Trouble mit Teenies, München 1993 (Kösel)

Glogauer, Werner: Die neuen Medien verändern die Kindheit – Nutzung und Auswirkungen des Fernsehens, der Videospiele, Videofilme u. a. bei sechs- bis zehnjährigen Kindern und Jugendlichen, Deutscher Studienverlag Weinheim 1993

Gordon, Thomas: Familienkonferenz. Die Lösung von Konflikten zwischen Eltern und Kind, München 1970 (Heyne TB)

Hirsch, Anna-Maria: Wenn Kinder flügge werden, München 1991 (Piper)

Köhler, Henning: Jugend im Zwiespalt. Eine Psychologie der Pubertät für Eltern und Erzieher, Stuttgart 1992[3]. (Verlag freies Geistesleben)

Kaplan, Louise: Abschied von der Kindheit, Stuttgart 1988 (Klett)

Mreschar, Renate (Hrsg.) Schon Erwachenwerden ist heute schwer. Jugend zwischen materiellem Überfluß und seelischen Belastungen (von Klaus Hurrelmann). Ergebnisse einer Studie aus der Universität Bielefeld, Deutscher Forschungsdienst 24/87

Schulz-von-Thun, Friedemann: Miteinander reden, Bd. 1, Reinbek 1993 (rororo)

Vopel, Klaus: Höher als die Berge, tiefer als das Meer. Phantasiereisen für Neugierige, Salzhausen 1993

ders. Wege des Staunens, Bd. 3: Phantasiereisen, Salzhausen 1993[3]

ders. Die zehn Minuten Pause. Mini-Trancen gegen Streß, Salzhausen 1992

Kassetten

Kassetten mit Entspannungsmusik und Phantasiereisen
können Sie über folgende Verlage beziehen:

PLS Verlag
An der Weide 27 – 28
28195 Bremen

Edition Neptun
Herzogstr. 62
80803 München

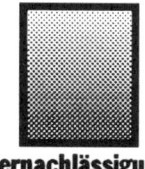